Carl-Auer

Die Jesus-Strategie

Jay Haley

Die Macht der Ohnmächtigen

Aus dem Amerikanischen übersetzt von Ulrike Franke

Dritte Auflage, 2007

Satz: Beate Ch. Ulrich
Umschlaggestaltung: Göbel/Riemer
Printed in the Netherlands
Druck und Bindung: Koninklijke Wöhrmann, Zutphen

Dritte Auflage, 2007
ISBN 978-3-89670-591-4

Bibliografische Information Der Deutschen Nationalbibliothek
Die Deutsche Nationalbibliothek verzeichnet diese Publikation in der
Deutschen Nationalbibliografie; detaillierte bibliografische Daten
sind im Internet über http://dnb.ddb.de abrufbar.

Die Originalausgabe dieses Buches erschien unter dem Titel
"The Power Tactics of Jesus Christ and other Essays".
Triangle Press, New York.

Informationen zu unserem gesamten Programm, unseren Autoren
und zum Verlag finden Sie unter: **www.carl-auer.de.**

Wenn Sie unseren Newsletter zu aktuellen Neuerscheinungen
und anderen Neuigkeiten abonnieren möchten, schicken Sie
einfach eine leere E-Mail an: **carl-auer-info-on@carl-auer.de.**

Carl-Auer Verlag
Häusserstr. 14
69115 Heidelberg
Tel. 0 62 21-64 38 0
Fax 0 62 21-64 38 22
E-Mail: info@carl-auer.de

Inhalt

Vorwort zur deutschen Neuauflage

Wollte man rückblickend die Geburtsstunde der systemischen Therapie bestimmen, so hätte das Erscheinen des Artikels „Towards a theory of schizophrenia" („Auf dem Weg zu einer Theorie der Schizophrenie") von Gregory Bateson, Don Jackson, Jay Haley und John Weakland wahrscheinlich die besten Chancen, benannt zu werden. Hier wurde zum ersten Mal in einer radikalen Weise die Symptomatik einzelner Personen – von Patienten, die als schizophren diagnostiziert und behandelt wurden – als Ausdruck kommunikativer Prozesse interpretiert. Den bis dahin „verrückten" Verhaltensweisen der Patienten konnte eine Logik zugeschrieben werden, die sich aus dem sozialen Kontext, d. h. der Kommunikation in der Familie oder der behandelnden Institution, erschloss.

Dieser Artikel, publiziert in einer Fachzeitschrift, die es heute längst nicht mehr gibt und die auch damals kaum jemand kannte, stieß einen Paradigmenwechsel in der Psychiatrie und Psychotherapie an, der langfristig zur Entwicklung all der Methoden führte, die heute unter dem Namen „Systemische Therapie" oder „Systemische Beratung" bekannt sind. Es sind Methoden, die nicht wie die traditionelle Psychotherapie primär darauf zielen, psychische Strukturen von Individuen zu beeinflussen, sondern ihr Ziel ist es, Kommunikationssysteme zu verändern. Die individuumbezogene Therapie folgt einer plausibel klingenden Idee: Wenn sich erst die psychischen Strukturen eines Menschen ändern (Hauptwirkung), werden sich auch die Interaktions- und Kommunikationsmuster verändern, an deren Herstellung er beteiligt ist (Nebenwirkung).

Mit dem Wechsel des Phänomenbereichs, in dem die Erklärungen für die beobachteten symptomatischen Verhaltensweisen konstruiert werden – von der Psyche des Einzelnen zum Kommunikationssystem –, kehren sich aber nicht nur häufig Haupt- und Nebenwirkungen um, manchmal werden auch aus vermeintlichen Ursachen die Wirkungen und umgekehrt. Die Zirkularität der Kausalität in lebenden und sozialen Systemen führt das traditionelle, geradlinige Ursache-Wirkungs-Denken an seine Grenzen. Wird es beibehalten, kommt es zu allerlei Paradoxien, durch die zum Beispiel die alltäglich gewohnte Zuordnung von Absicht und Wirkung auf den Kopf gestellt wird.

Gut erweist sich als Gegenteil von gut gemeint, vermeintliche Nachteile entpuppen sich als Vorteile, Gewinner als Verlierer usw. Diese Umdeutung und Umbewertung bezieht sich vor allem auf die Zuschreibung von Aktivität und Passivität zu Interaktionsteilnehmern. Das traditionelle Ursache-Wirkungs-Denken, wie es in der Schule gelehrt wird, legt die Unterscheidung nahe, dass man entweder Herr seines Schicksals ist oder aber Opfer der Entscheidungen anderer. Diese Aufteilung wird durch eine systemisch-kommunikationstheoretische Sichtweise radikal in Frage gestellt. Stattdessen wird die Aufmerksamkeit auf die aktive Beteiligung eines jeden an der Herstellung seines „Schicksals" fokussiert. Aus „Opfern" werden zumindest Mit-„Täter" – und die sind nicht mehr hilflos …

Diese Änderung der Beobachterperspektive eröffnete den Raum für die Entwicklung neuer, hoch kreativer, therapeutischer Strategien. Was gestern noch als sinnvolle therapeutische Maßnahme erschien, war heute nur noch ein Chronifizierungsschritt.

Unter den Mitgliedern der Bateson-Gruppe war Jay Haley einer derjenigen, die am meisten an den pragmatischen Konsequenzen dieser Umkehrung von Haupt- und Nebenwirkungen, wie ich es einmal nennen will, interessiert waren. Das schlug sich nieder in seinen Studien. Er wurde zum Schöpfer eines Genres von Arbeiten, die den Titel „Die Kunst zu …" tragen und mit denen er viele Nachahmer (inklusive den Autor dieser Zeilen) gefunden hat. In ihnen zeigt er die paradoxen Wirkungen gut gemeinter, zielgerichteter Interventionen in zwischenmenschlichen Beziehungen. Diese Arbeiten müssen heute als „klassisch" eingestuft werden.

Sie sind nun nach langer Zeit wieder auf Deutsch verfügbar, und ihre Lektüre kann nicht nur jedem empfohlen werden, der beabsichtigt, eine lausige Ehe zu führen, eine therapeutische Null zu werden, oder der Selbstaufopferung als Machtstrategie kultivieren will. Jeder Leser wird zahlreiche Anregungen mit in seinen privaten wie professionellen Alltag nehmen können, die ihn den Nutzen einer Prise Querdenkens erleben und genießen lassen.

Dem Carl-Auer-Systeme Verlag gebührt wieder einmal die Anerkennung, sich auch dadurch um das systemische Denken verdient zu machen, dass er dem Leser klassische Werke verfügbar hält und damit einem Trend zuwiderhandelt, der stillschweigend davon ausgeht, das Neue sei immer besser als das Alte. Jay Haley und seine Arbeiten sind so jugendlich, wie es die meisten Jungen heute erst noch werden müssen.

Fritz B. Simon
Berlin, März 2002

Anmerkung des Autors zur amerikanischen Ausgabe

Vor kurzem erfuhr ich von einer Gruppe von Studenten, die ihrem Professor anlässlich seiner Emeritierung ein Geschenk machen wollten. Sie entschieden sich dafür, ihm das Buch *The Power Tactics of Jesus Christ (Die Jesus-Strategie)* zu überreichen – das wertvollste Geschenk, das sie sich vorstellen konnten. Nachdem sie sämtliche Buchläden abgeklappert hatten, mussten sie aufgeben: Es war kein einziges Exemplar mehr aufzutreiben. Um älteren Professoren solche Tragödien in Zukunft zu ersparen, erscheint diese neue Ausgabe. Sie ist um zwei Artikel ärmer und um vier neu verfasste reicher geworden. Weitgehend unverändert übernommen wurden die Überlegungen zur „Kunst der Psychoanalyse". Der Aufsatz über „die Kunst, schizophren zu sein", blieb für jene Leser, die an eine entsprechende Laufbahn denken. Weiterhin angeboten werden auch die Techniken, die nötig sind, um „eine therapeutische Null zu werden".

Die neu aufgenommenen Essays dieses Buches befassen sich mit aktuellen Fragestellungen. Für den Eheanwärter – wir alle sind schließlich verheiratet, planen zu heiraten oder versuchen, diesen Status zu vermeiden – gibt es Antworten auf die Frage, „wie man eine schreckliche Ehe führt". Der Essay „zur Verteidigung der Psychoanalyse" unternimmt den Versuch einer rückblickenden Würdigung. Die beiden Artikel „Gedanken zur Rationalisierung der Therapie" und „Therapie – ein Rätsel?" ermöglichen einen Blick in die Zukunft therapeutischer Techniken.

An dieser Stelle möchte ich den Publikationsorganen meinen Dank aussprechen, in denen drei der Essays erscheinen konnten. Nachdem sie von allen psychoanalytischen Zeitschriften abgelehnt worden war, erschien „Die Kunst der Psychoanalyse" in der Zeitschrift *ETC*. „Die Kunst, eine therapeutische Null zu werden“, wurde im *Journal of Orthopsychiatry* veröffentlicht, „Die Kunst, schizophren zu sein“, erschien in *Voices*.

Jay Haley
Rockville 1986

Die Machtstrategien Jesu Christi

Nun, da das Christentum seine Vormachtstellung in der Welt der Ideen eingebüßt hat, steht es uns frei, die Fähigkeiten von Jesus Christus zu würdigen. Sowohl Christen als auch Sozialwissenschaftler haben die Fähigkeiten Jesu als Organisator und Menschenführer unterschätzt. Seine Leistungen werden unfairerweise Gott zugeschrieben, oder Nachfolgern wie Paulus, was noch unfairer ist. Wenn wir jedoch davon ausgehen, dass sein Erfolg weder auf Interventionen Gottes beruht, noch auf einen Nachfolger wie Paulus zurückzuführen ist, erscheinen seine Fähigkeiten als Organisator beinahe unglaublich. Dieser Mann schuf eine Organisation, die zu einem zentralen Machtfaktor wurde und diese Position über Hunderte von Jahren hinweg beibehielt. Keinem anderen Menschen gelang etwas Ähnliches. Bis in diesem Jahrhundert die Führer von Massenbewegungen auf der Bildfläche erschienen, gab es nicht einmal einen vergleichbaren Mitbewerber.

Um die messianischen Revolutionäre von heute zu verstehen, sollte man versuchen, das Vermächtnis Jesu richtig einzuschätzen. Männer wie Lenin und Trotzki in Russland, Hitler in Deutschland, Mussolini in Italien, Mao Tse-Tung und Ho Chi Minh in Asien, Castro in Kuba und die Führer des Black Movement wie Elijah Mohammed in den Vereinigten Staaten stehen weit mehr in seiner Schuld, als man vermuten möchte. Dies betrifft in erster Linie seinen Grundgedanken, mächtig zu werden, indem man die Armen und Machtlosen organisiert. Da diese Idee Jesu jahrhundertelang übersehen wurde, stellten die Armen keine Gefahr für die etablierten Kreise dar; von ihnen war höchstens ein gelegentlicher, sporadischer Aufruhr zu erwarten. Erst seitdem in unserem Jahrhundert einige Menschen entdeckt haben, dass ihr Lebensziel darin besteht, die Armen wachzurütteln und zu organisieren, muss man nun überall mit ihnen rechnen. Die Ideologie der heutigen Führer von Massenbewegungen unterscheidet sich zwar in gewisser Weise von der Jesu, doch werden wir hier nachweisen, dass ihre Strategie nicht in unserer Zeit entstand, sondern bereits im Neuen Testament skizziert und in Galiläa von einem einzigen Mann angewandt wurde.

Alles, was wir über Jesus wissen, stammt aus den Schriften der Mitglieder seiner Organisation. Unsicherheiten im Hinblick auf seine Mitwirkung können nur aufgrund von Zweifeln an der Objektivität und Authentizität der Bibel entstanden sein. Die von uns hier vertretene Sichtweise nimmt die Evangelisten beim Wort: Sie beschreiben einen Mann, der eine Bewegung ins Leben rief und sich an ihre Spitze stellte. Unser Text macht mit dem Macht- und Führungsgedanken in der westlichen Welt vertraut und bietet gleichzeitig eine Einführung in die Taktiken und Strategien Jesu. Wir befassen uns hier nicht mit der geistigen Botschaft oder den religiösen Vorstellungen von Jesus. Uns interessiert hier einzig und allein die Frage, wie er mit Menschen umging und sie organisierte.

Die Anfänge

Als Jesus ins öffentliche Leben trat, war er allein und gänzlich unbekannt, berichteten die Apostel. Er sah seine Aufgabe darin, die Armen zu organisieren und sie als religiöser Führer zu leiten. Die Römer, die keine Unruhe in ihrer Kolonie wünschten, waren bereit, jeder Bewegung, die den Status quo zu stören drohte, entschieden entgegenzutreten und Revolutionäre skrupellos aus dem Weg zu schaffen. Unter diesen Bedingungen wäre es nicht überraschend gewesen, wenn Jesus weiter nichts bewirkt hätte.

Es gab jedoch mehrere Umstände, die ihm entgegenkamen, und wie jeder große Führer verstand er es, die ihm zur Verfügung stehenden Kräfte geschickt zu nutzen. Die Bevölkerung war unzufrieden. Die Menschen litten unter schrecklicher Armut und Unterdrükkung. Die römischen Steuern gaben dem Land den Rest. Über all dem Elend erhob sich eine priesterliche Hierarchie, die aus ausbeuterischen Familien bestand und durch die Besatzung der Römer an der Macht blieb. Die Bevölkerung hatte mit einem Wort wenig zu verlieren.

Andererseits waren die etablierten Kreise nicht dazu in der Lage, ihren Machtanspruch geschlossen zu verteidigen. Die geographische Teilung nach dem Tod von Herodes führte zu Konflikten und Unmut, es kam zu Differenzen zwischen der wohlhabenden Schicht und den Priestern sowie innerhalb der priesterlichen Hierarchie. Die Römer schließlich waren so verhasst, dass es zu ständigen Auseinandersetzungen zwischen dem Statthalter und den unteren Schichten kam.

Jesus hatte die Mythologie jener Zeit auf seiner Seite. Der Mythos besagte, dass Gott oder ein Messias alle Schwierigkeiten lösen, von all dem Elend befreien, alle Feinde niederwerfen und den Volksstämmen Israels die Macht über die 77 Nationen der Erde geben würde. Zu dem Zeitpunkt, als Jesus an die Öffentlichkeit trat, glaubte man allerorts an die Ankunft eines Erlösers, der alles wieder ins rechte Lot bringen würde.

Erste Erfolge

Jesus verfügte über keinerlei Machtmittel. Er war weder wohlhabend noch Mitglied der religiösen Hierarchie und auch kein Römer. Wenn ihm auch Reichtümer und das römische Bürgerrecht verwehrt waren, so konnte man damals in Juda von einem niedrigen zu einem hohen Rang gelangen, indem man ein religiöses Leben führte. Diesen Weg wählte Jesus. Wir wissen nicht, wie er als Kind und Jugendlicher lebte, aber als er schließlich an die Öffentlichkeit trat, tat er dies als religiöser Prophet.

Um sich die Aufmerksamkeit der Armen zu verschaffen, bediente sich Jesus einer gängigen Tradition. Die Leute hörten den umherziehenden religiösen Rednern zu und respektierten sie. Gewöhnlich verdammten diese die Städte und die scheinheiligen Geistlichen, die dort ein bequemes Leben führten. Jesus tat es ihnen gleich und sprach im ganzen Land – wo immer die Menschen zuhörten. Seine Armut war dabei nicht von Nachteil, sie wurde im Gegenteil als Tugend betrachtet. Die prophetische Tradition hatte einen ganz entscheidenden Vorzug: Der Staat und die Priesterhierarchie waren an Kritik vonseiten der Propheten gewöhnt, so dass solch ein Mann normalerweise reden konnte, ohne sofort in Haft genommen zu werden.

Um bekannt zu werden, war es nicht nur notwendig, zu reisen und überall zu sprechen, wo es Zuhörer gab, es kam auch darauf an, wie man sprach. Wiederholte jemand nur Altbekanntes, hörte ihm die Menge nicht zu. Verbreitete man jedoch Unkonventionelles, riskierte man, die Zuhörer zu verlieren oder sich sogar das gemeine Volk zum Feind zu machen, das von der etablierten Religion durch und durch geprägt war. Insofern haben diejenigen, die behaupten, dass Jesus keine neue Religion verkünden wollte, zweifellos Recht: In diesem Fall hätten ihm die Armen nämlich auf keinen Fall zugehört. Jesus gelang es, die Aufmerksamkeit auf sich zu ziehen, indem er seine neuen Ideen als streng orthodoxe hinstellte. Dieses Kunststück erreichte er auf zweierlei Weise: Erstens beteuerte er, keine Veränderungen vorzuschlagen, um sie aber anschließend zu fordern; zweitens beharrte er darauf, dass seine Gedanken nicht von der etablierten Religion abwichen, sondern im Gegenteil ihren Kern bildeten. Diese Taktik setzen Führer von Massenbewegungen immer dann ein, wenn sie ihre Pläne aus strategischen Gründen als konventionell bezeichnen, obgleich sie zur Sicherung ihrer Machtposition etwas verändern müssen. Lenin beispielsweise unterstützte das Prinzip der Mehrheitsregelung, obgleich er wollte, dass die Minderheit die tatsächliche Mehrheit war. Er betonte, dass die Demokratie durch eine einzige, die von ihm genehmigte Partei wahrhaftiger verkörpert würde, weil diese Partei die proletarische Mehrheit repräsentierte (obgleich sie eine Minderheit darstellte).

Die Fähigkeit Jesu, gleichzeitig Anpassung und Veränderung zu fordern, zeigt sich am besten in seinen Ausführungen über das Gesetz. Die religiösen und zivilen Gesetze sowie die Sitten waren damals identisch, so dass Jesus, wenn er sich zu den Gesetzen äußerte, damit zugleich über wesentliche Aspekte des Lebens im Allgemeinen sprach. Er sagte:

> Meinet nicht, dass ich gekommen sei, das Gesetz oder die Propheten aufzulösen; ich bin nicht gekommen aufzulösen, sondern zu erfüllen. ... Wer nun eines dieser kleinsten Gebote auflöst und die Menschen so lehrt, der wird der Kleinste heißen im Reich der Himmel. (Mt 5, 17. 19)

Hätte sich Jesus selbst an seine Lehren gehalten, wären niemandem die geringsten Zweifel an seiner Aussage gekommen. Mit ihr hätte er auch Anhänger für die etablierten Kreise sammeln können. Er geht jedoch einen entscheidenden Schritt weiter und bietet sich selbst als *die* entscheidende Autorität an. Er sagt:

> Ihr habt gehört, dass zu den Alten gesagt ist: „Du sollst nicht töten; wer aber tötet, soll dem Gericht verfallen sein." Ich aber sage euch: Jeder, der seinem Bruder grundlos zürnt, soll dem Gericht verfallen sein, wer aber zu seinem Bruder sagt: Raka, soll dem Hohen Rat verfallen sein. Wer aber sagt: „Du Tor!", soll der Hölle mit ihrem Feuer verfallen sein. (Mt 5, 21 f.)

Dies kommt einer grundsätzlichen Revision des Gesetzes gleich. Indem er betont, dass bereits die Äußerung von Ärger kriminell ist, sagt er, dass Menschen für ihre Gedanken genauso bestraft werden müssen wie für ihre Taten, was zweifellos einer größeren Innovation gleichkommt. In gleicher Weise verändert er das Gesetz des Ehebruchs:

> Ihr habt gehört, dass gesagt ist: „Du sollst nicht ehebrechen." Ich aber sage euch: Jeder, der eine Ehefrau ansieht, um sie zu begehren, hat ihr gegenüber in seinem Herzen schon Ehebruch begangen. (Mt 5, 27 f.)

Auch das Gesetz der Scheidung wird revidiert:

> Es ist ferner gesagt: „Wer seine Frau entlässt, soll ihr einen Scheidebrief geben." Ich aber sage euch: Jeder, der seine Frau entlässt, außer wegen Unzucht, gibt Anlass, dass ihr gegenüber Ehebruch begangen wird, und wer eine Entlassene heiratet, begeht Ehebruch. (Mt 5, 31 f.)

Ebenso verfährt er mit dem Vorgang des Schwörens:

> Wiederum habt ihr gehört, dass zu den Alten gesagt ist: „Du sollst nicht falsch schwören. Du sollst aber dem Herrn deine Eide halten." Ich aber sage euch, dass ihr überhaupt nicht schwören sollt, weder beim Himmel, denn er ist Gottes Thron, noch bei der Erde, denn sie ist der Schemel seiner Füße, noch bei Jerusalem, denn sie ist die Stadt des großen Königs. Auch bei deinem Haupte sollst du nicht schwören; denn du vermagst nicht ein einziges Haar weiß oder schwarz zu machen. Vielmehr sei eure Rede: ja, ja; nein, nein. Was darüber ist, ist vom Bösen. (Mt 5, 33–37)

Er revidierte außerdem das Gesetz der Rache, die Vorschriften für den Dienst am Nächsten, die Methode des Betens und die Art des Fastens. Nach seiner Neuformulierung ist vom herkömmlichen Recht tatsächlich wenig übrig geblieben – und das alles, nachdem er behauptet hatte, dass er nicht vorhabe, auch nur irgendeinen Buchstaben des Gesetzes zu ändern. Er verglich sich mit den etablierten Autoritäten des Gesetzes und ließ gleichzeitig durchblicken, dass sie es kaum wert seien, dass man ihnen zuhört:

> Denn ich sage euch: Wenn eure Gerechtigkeit nicht besser ist als die der Schriftgelehrten und Pharisäer, werdet ihr nicht in das Reich der Himmel kommen. (Mt 5, 20)

Er entzieht sich seinen Gegnern, indem er zur Befolgung der Gesetze aufruft. Durch seine Neuauslegung der Gesetze zeigt er aber, dass er dem gesamten religiösen Establishment des Landes gleichwertig ist, was Macht und Autorität anbelangt. Es überrascht nicht zu hören, dass die Zuhörer

> erstaunten über seine Lehre; denn er lehrte sie wie einer, der Gewalt hat, und nicht wie ihre Schriftgelehrten. (Mt 7, 28 f.)

Die traditionelle Kultur machte es Jesus verhältnismäßig einfach, eine Autorität zu werden. In Israel ging man davon aus, dass die Gesetze, denen die Menschen zu folgen hatten, am Anfang ausgelegt worden waren; danach konnte man sie nur noch entdecken und interpretieren. In anderen Kulturen werden Gesetze als das Ergebnis einer Übereinstimmung betrachtet; Menschen machen sie und folgen ihnen dann. Nimmt man jedoch an, dass Gesetze unabhängig vom Menschen existieren und nur ihre Bedeutungen entdeckt werden können, kann ein Einzelner mit ebenso viel Autorität wie ein Etablierter sprechen. Er muss nur behaupten, das wahre Gesetz gefunden zu haben. Er kann auf einer Veränderung bestehen, indem er sagt, seine Gegner hätten sich von den wahren Religionsgesetzen entfernt. (Heutige Führer von Massenbewegungen haben die „Gesetze der historischen Entwicklung" in der gleichen Art genutzt.)

Während seiner ganzen Laufbahn griff Jesus die Führer der etablierten Kreise zwar beständig, aber immer innerhalb des religiösen Rahmens an. Er warf ihnen vor, sie entfernten sich von der wahren Religion und setzte sich damit selbst als die Autorität, die darüber befindet, was die wahre Religion ist. In den Evangelien wird an keiner Stelle erwähnt, dass Jesus sich in anerkennender Weise über einen etablierten religiösen Führer geäußert hätte – außer über jene, die schon lange tot waren. Einem Kompliment am nächsten kommt noch das, was er über seinen Kameraden und Konkurrenten, den Propheten Johannes, sagt:

> Wahrlich, ich sage euch: Unter denen, die von Frauen geboren sind, ist kein Größerer aufgetreten als Johannes der Täufer. Doch der Kleinste im Reich der Himmel ist größer als er. (Mt 11, 11)

Um möglichst viele Anhänger zu gewinnen, musste Jesus nicht nur in der Lage sein, seine Zuhörer zu fesseln, er musste auch etwas anzubieten haben, das seinen Namen schlagartig im ganzen Land bekannt machen würde. Diese Popularität verschaffte ihm sein Ruf als Heiler. Es liegt in der Natur der heilenden Profession, in den Menschen tief liegende Wünsche zu wecken. Legenden verbreiten sich schnell. Heilerfolge lassen den Glauben an Erfolg entstehen und bringen daher wiederum mehr Erfolg. Hat ein Mensch erst einmal einen Ruf als Heiler, bringt möglicherweise schon das Berühren seiner Kleider Heilung. Die Leibwache römischer Kaiser beispielsweise musste häufig kranke Leute zurückhalten, die die Kleider der Herrscher berühren wollten.

Wir wissen nicht, ob Jesus mehr als natürliche Eigenschaften besaß, aber allein die Tatsache, dass er sich zum Heilen entschloss, zeigt seine Fähigkeit, einen Weg zu wählen, mit dessen Hilfe er sofort bekannt werden konnte. Kein anderes Vorhaben hätte seinen Namen wahrscheinlich so schnell verbreitet, zumal es sich um eine Zeit handelt, in der die Medizin kaum imstande war, Krankheiten zu heilen, und die Leute fürchteten, vom Teufel besessen zu sein. Da Krankheiten keine sozialen Klassen kennen, verschaffte ihm sein Ruf auch Zugang zu den Reichen. Sogar der Leiter der Synagoge, ein wohlhabender Mann, und ein römischer Hauptmann baten ihn um Hilfe. Auch der vornehme Herodes Antipas ließ ihn kommen, obgleich Jesus ihn nicht mit einer Heilung zufrieden stellte (Lk 23, 8 f.).

Durch sein Vorgehen erwarb sich Jesus einen großen Bekanntheitsgrad und verhinderte gleichzeitig das Entstehen einer offenen Opposition. Da er mit seinen Heilungen nicht prahlte, provozierte er weder Nachforschungen noch Widerstand; er wies seine Patienten sogar an, die Heilung geheim zu halten (Mk 5, 43). Allerdings war kaum anzunehmen, dass jemand, der von einer lebenslangen

Qual erlöst wurde, seine Heilung verheimlichen würde. Nicht er war es also, der die Nachricht verbreitete, sondern andere. Es gab nur deren Aussagen. Man hätte Jesus letztlich nur anklagen können, einmal indirekt geprahlt zu haben. Als die Boten von Johannes kamen und fragten, ob er der sei, der kommen sollte, sagte Jesus:

> Gehet hin und berichtet dem Johannes, was ihr hört und seht: Blinde werden sehend und Lahme gehen, Aussätzige werden rein und Taube hören, Tote werden auferweckt und Armen wird die frohe Botschaft gebracht. (Mt 11, 4 f.)

Es gibt noch eine andere Taktik, die jemand einsetzen kann, um möglichst schnell bekannt zu werden, obgleich dieser Weg riskant ist. Will ein Mensch erreichen, dass ein mächtiger Gegner ihn als gleichwertig oder höher stehend ansieht, kann er ihn mit unverfrorenen persönlichen Angriffen attackieren. Je schneller sich der Vorgang herumspricht, umso berühmter wird der Angreifer. Je verwegener die Angriffe sind, umso eher wird er Erfolg haben. Werden die Angriffe unverschämt genug vorgetragen, entsteht der Eindruck, als stünde der Angreifer auf der gleichen Ebene wie sein Gegner. Jesus griff nicht nur die etablierten religiösen Führer an, indem er ihnen beispielsweise sagte: „Ihr Schlangen, ihr Natterngezücht! Wie wollt ihr dem Gericht der Hölle entrinnen?“ (Mt 32, 33), sondern er ging auch zu einem körperlichen Angriff auf die religiöse Hierarchie über, als er die Geldwechsler aus dem Tempel verjagte.

Die Organisationsfrage

Jesus stand zwar in der prophetischen Tradition, unterschied sich aber in seinen Methoden sehr von den anderen Propheten. Ein typischer Prophet war Johannes der Täufer, der aus der Wildnis kam, Tierfelle trug und jeden zur Reue aufrief. In den Verkündigungen solcher Männer schwang ein hoher moralischer Ton mit. Sie lebten asketisch und wirkten auf die Menge wie eine Art lebendiges Gewissen. Zwar zogen sie vorübergehend Neugierige an und Menschen, die einen Hauch Göttlichkeit suchten, doch war ein Prophet im Allgemeinen ein einsamer Mann, der außerhalb der Gesellschaft lebte.

Im Gegensatz dazu begann Jesus seine öffentliche Karriere, indem er Männer für seine Bewegung auswählte. Er wollte eine Organisation aufbauen. Eine seiner ersten Handlungen bestand darin, einen Kader zu rekrutieren, der wiederum andere zu rekrutieren hatte. Matthäus sagt, Jesus

> sah zwei Brüder, Simon, genannt Petrus, und seinen Bruder, das Netz in den See auszuwerfen; sie waren nämlich Fischer. Und er sagte zu ihnen: Kommet her, folget mir nach, ich will euch zu Menschenfischern machen. (Mt 4, 18 f.)

Nach kurzer Zeit zählte seine Organisation zwölf Leute. Berichte sprechen aber auch davon, dass es mehr als 70 gewesen sein sollen. So zum Beispiel Lukas:

> Danach aber bestimmte der Herr siebzig andere und sandte sie zu zweien vor sich her in alle Städte und Orte, wohin er selbst kommen wollte. (Lk 10, 1)
>
> Die Siebzig aber kehrten mit Freuden zurück und sagten: Herr, auch die Dämonen sind uns untertan kraft deines Namens. (Lk, 10, 7)

Bei der Auswahl seiner Elite suchte sich Jesus keine Mitglieder aus den besseren Kreisen, sondern sammelte seine Jünger aus den unteren Bevölkerungsschichten. Als er seine Männer rekrutierte, verlangte er von ihnen, was typischerweise von jedem kleinen revolutionären Kader verlangt wird: Gingen sie mit ihm, so mussten sie alles aufgeben, was mit gesellschaftlichen Bedürfnissen zu tun hatte, dazu gehörten alle Bindungen, einschließlich der familiären. Er sagte:

> Wer Vater oder Mutter mehr liebt als mich, ist meiner nicht wert; und wer Sohn oder Tochter mehr liebt als mich, ist meiner nicht wert. (Mt 10, 37)

Dem jungen Mann, der seine Sohnespflicht erfüllen und seinen Vater beerdigen wollte, sagte er: „Lass die Toten ihre Toten begraben" (Lk 9, 60). Er forderte in dieser Hinsicht von den anderen nicht mehr als von sich selbst. Als man ihm mitteilte, seine Mutter und seine Brüder seien draußen und wollten ihn sprechen, sagte er:

> Wer ist meine Mutter und wer sind meine Brüder? Und er streckte seine Hand über seine Jünger aus und sprach: Siehe, das sind meine Mutter und meine Brüder! (Mt 12, 48 f.)

Führer von Massenbewegungen folgen meist dem Beispiel Jesu und fordern von ihren Mitgliedern, dass sie alle Beziehungen zu anderen, einschließlich zu ihren Familien, aufgeben (Hoffer 1950).

Jesus war es auch, der seinen Männern einen Elitestatus gab. Er sagte zu ihnen:

> Weil es euch gegeben ist, die Geheimnisse des Reiches der Himmel zu erkennen, jenen aber ist es nicht gegeben. (Mt 13, 11)

Und er sagte:

> Wahrlich ich sage euch, was ihr auf Erden binden werdet, das wird im Himmel gebunden sein, und was ihr auf Erden lösen werdet, das wird im Himmel gelöset sein. (Mt 18, 18)

Er erteilte ihnen die Befugnis, Kranke zu heilen, Tote auferstehen zu lassen und Teufel auszutreiben, alles Handlungen, die ihn berühmt machten. Mit Versprechungen band er sie an sich. Als Petrus fragte, was sie denn gewännen, wenn sie ihm folgten, sagte er:

> Wahrlich, ich sage euch: Ihr, die ihr mir nachgefolgt seid, werdet in der Wiedergeburt, wenn der Sohn des Menschen auf dem Throne seiner Herrlichkeit sitzen wird, auch auf zwölf Thronen sitzen, um die zwölf Stämme Israels zu richten. (Mt 19, 28)

Er machte seinen Jüngern auch Versprechungen, was sie im Falle seiner Machtübernahme erhalten würden. Gleichzeitig drohte er ihnen jedoch:

> Wer mich aber verleugnet vor den Menschen, den werde auch ich verleugnen vor meinem Vater in den Himmeln. (Mt 10, 33)

Indem er wiederholt Zweifel daran äußerte, ob er sie vollständig akzeptieren konnte, hielt er seine Leute in einem Zustand der Unsicherheit, wodurch er sie letztlich enger an sich band.

> Nicht jeder, der zu mir sagt: „Herr, Herr!" wird in das Reich der Himmel kommen, sondern wer den Willen meines Vaters in den Himmeln tut. Viele werden an jenem Tag zu mir sagen: Herr, Herr, haben wir nicht in deinem Namen als Propheten geredet und in deinem Namen Dämonen ausgetrieben und in deinem Namen viele Machttaten vollbracht? Und dann werde ich ihnen bekennen: Ich

> habe euch nie gekannt; weichet von mir, die ihr begeht, was wider das Gesetz ist. (Mt 7, 21–23)

Wie alle Revolutionsführer setzte auch Jesus die Taktik der Verfolgung von Außenseitern ein, um Einheit in seine Gruppe zu bringen. Er sagte:

> Siehe, ich sende euch wie Schafe mitten unter die Wölfe. Darum seid klug wie die Schlangen und ohne Falsch wie die Tauben! Hütet euch aber vor den Menschen; denn sie werden euch an die Gerichte überliefern, und in euren Synagogen werden sie euch geißeln. (Mt 10, 16 f.)
>
> Es wird aber ein Bruder den anderen zum Tode überliefern und ein Vater das Kind, und Kinder werden wider die Eltern auftreten und sie zu Tode bringen; und ihr werdet um meines Namens willen von jedermann gehasst sein. Wer aber ausharrt bis ans Ende, der wird gerettet werden. (Mt 10, 21 f.)

Er rief nicht nur zur Einigkeit gegen die Verfolger von außen auf, sondern sagte seinen Leuten auch, wen sie wirklich fürchten sollten:

> Und fürchtet euch nicht vor denen, die den Leib töten, die Seele aber nicht töten können, sondern fürchtet vielmehr den, der Seele und Leib verderben kann in der Hölle. (Mt 10, 28)

Jesus bemühte sich in erster Linie darum, Anhänger unter den Armen zu finden. Als er seine Männer hinaussandte, instruierte er sie:

> Verschaffet euch nicht Gold noch Silber noch Kupfer in eure Gürtel, keine Tasche auf den Weg und auch nicht zwei Röcke, auch nicht Schuhe noch Stab; denn der Arbeiter ist seiner Speise wert. (Mt 10, 9 f.)

Er wies sie also nicht nur an, ein asketisches Leben zu führen, sondern bestand darauf, dies auch in der Öffentlichkeit zu zeigen. Selbst wenn man dazu in der Lage ist zu heilen – mit Geld, zweiten Schuhen oder mehreren Kleidungsstücken kann man keine Anhänger unter den Armen finden.

Jesus trainierte zwar seine Kader in seinen Methoden, doch achtete er darauf, von ihnen nicht übertroffen zu werden. Er verwies sie an ihren Platz, indem er ihre Begriffsstutzigkeit kritisierte, wenn sie seine Parabeln nicht verstanden, ihre Unfähigkeit schalt, Wunder zu vollbringen und ordentlich zu heilen, und ihre Eifersucht tadelte, wer ihm am nächsten stünde und im Falle des Erfolges die besten Aussichten hätte. Fest steht, dass Jesus seine Anhänger kaum lobte. Einem Lob am nächsten kam vielleicht seine Erwiderung auf Petrus' Worte: „Du bist Christus, der Sohn des lebendigen Gottes":

> Selig bist du, Simon, Sohn des Jona; denn Fleisch und Blut hat dir das nicht offenbart, sondern mein Vater in den Himmeln. Aber auch ich sage dir: Du bist Petrus, und auf diesen Felsen will ich meine Kirche bauen, die Pforten des Totenreiches werden nicht fester sein als sie. (Mt 16, 17 f.)

Jesus erklärte dann, dass er nach Jerusalem gehen muss, wo er getötet werden würde. Als Petrus protestierte, sagte er:

> Hebe dich, Satan, von mir! Du bist mir ein Ärgernis; denn du meinst nicht, was göttlich, sondern was menschlich ist. (Mt 5, 23)

Inwiefern die Vorwürfe, die Jesus seinen Männern machte, berechtigt waren, muss den Interpretationen überlassen bleiben. Dem Evangelium lässt sich jedenfalls entnehmen, dass seine Ausbildung bezüglich des Umgangs mit Kritik nicht sehr erfolgreich gewesen sein kann. Wurde er selbst angegriffen oder in Frage gestellt, reagierte er mit einem Gegenangriff oder einer Frage, wies die Kritik in ihre Schranken zurück, verteidigte sich aber nie. Als seine Männer nach seinem Tod zu der überraschten Menge „in anderen Zungen redeten", meinte ein Kritiker geringschätzig: „Diese Männer sind voll süßen Weines." Da stand Petrus auf, erhob seine Stimme und sagte: „Ihr jüdischen Männer und ihr alle, die ihr Jerusalem bewohnt, das sei euch kund und höret auf meine Worte! Denn nicht sind diese, wie ihr annehmet, betrunken – denn es ist erst die dritte Stunde des Tages" (Apg 2, 13–15). Das war wohl kaum eine Erwiderung, die seines Meisters würdig war.

Die Anhängerschaft

Wenn man behauptet, dass Jesus keine politische Macht anstrebte, weil er keinen Versuch machte, eine Position innerhalb der religiösen Hierarchie zu besetzen und mehr den übernatürlichen „Menschensohn" betonte als den politischen „Sohn Davids", dann verkennt man das Neue seiner Strategie. Es ist, als wollte man sagen,

Lenin habe nicht nach politischer Macht gestrebt, weil er nicht versucht habe, Mitglied des Zarenhofs zu werden. Seit Jesus haben Revolutionsführer gelernt, die etablierten politischen Kreise zu umgehen und eine unabhängige Bewegung aufzubauen. Diese Führer suchen nicht den Aufstieg innerhalb des Establishments, sie bauen auf die Hilfe der Besitzlosen der Gesellschaft.

Jesus war der erste Führer, der versuchte, eine Anhängerschaft aus Armen und Machtlosen zu versammeln. Er ging davon aus, dass die Armen mehr der Macht bedürfen als irgendjemand anderer. Darauf gründete seine Taktik, mit der er versuchte, ihre Unterstützung zu gewinnen. Schon in seinen ersten Reden wies er darauf hin, dass die Armen gesegnet seien. Sprach er zu einer Zuhörerschaft, die arm und unzufrieden war, nannte er sie das Salz der Erde und verkündete, dass die Sanftmütigen die Erde erben würden. Ständig griff er die Reichen an und sagte ihnen Schwierigkeiten voraus, in sein Königreich zu kommen; sprach er dagegen zu besitzlosen Zuhörern, betonte er, dass die Letzten die Ersten sein würden. Er selbst beispielsweise trank und aß mit den Außenseitern der Gesellschaft. Niemals kritisierte er die Armen, angegriffen wurden nur die Reichen, die Gelehrten und das priesterliche Establishment.

Was Jesus den Armen versprach, diente späteren Massenführern als Vorbild. Wenn man ihnen nur folgte, käme man irgendwann einmal ins Paradies.[1] Die Bolschewiken stellten eine klassenlose Gesellschaft und Hitler ein tausendjähriges Reich in Aussicht. Jesus deutete an, dass diese Tage in nicht allzu ferner Zukunft lägen:

> Wahrlich, ich sage euch: Unter denen, die hier stehen, sind einige, die den Tod nicht schmecken werden, bis sie gesehen haben, dass das Reich Gottes mit Macht gekommen ist. (Mk 9, 1)

Jesus half den Unglücklichen, indem er ihrem Leiden einen Sinn gab. Er erklärte ihnen:

> Selig seid ihr, wenn sie euch schmähen und verfolgen und alles Arge wider euch reden um meinetwillen und damit lügen. Freuet euch und frohlocket, weil euer Lohn groß ist in den Himmeln. Denn ebenso haben sie die Propheten verfolgt, die vor euch gewesen sind. (Mt 5, 11 f.)

Wie jeder Revolutionsführer, so versprach auch Jesus, alle Probleme auf sich zu nehmen:

> Kommet her zu mir alle, die ihr mühselig und beladen seid, so will ich euch Ruhe geben. Nehmet mein Joch auf euch und lernet von mir, denn ich bin sanftmütig und von Herzen demütig; so werdet ihr Ruhe finden für eure Seelen. Denn mein Joch ist sanft und meine Last ist leicht. (Mt 10, 28–30)

Indem er sein Joch anbot, legte Jesus den Armen nahe, auf seine Worte zu hören und sich nach ihnen zu richten. Dann seien sie wie der Mann, der sein Haus auf einem Felsen baut, im anderen Falle seien sie wie ein Mann, der so töricht ist, sein Haus auf Sand zu bauen, so dass es einfällt (Mt 7, 24–27).

Alles spricht dafür, dass Jesus langfristige Pläne für seine Organisation hatte. Dazu war es erforderlich, eine Trennung der Jungen von ihren Eltern und den etablierten Kreisen durchzusetzen. Ähnlich verfuhren auch die späteren Revolutionsführer (in jüngster Zeit etwa Mao Tse-Tung). Führer von Massenbewegungen haben immer versucht, junge Leute zu erreichen. Jesus tadelte seine Jünger, als sie Kinder von ihm fern hielten, und sagte:

> Lasset die Kinder zu mir kommen und wehret ihnen nicht; denn solchen gehört das Reich der Himmel. (Mt 19, 14)

Unklar ist, ob Jesus den Erfolg seiner Organisation erst in der folgenden Generation erwartet hat. Jedenfalls plädierte er für den Bruch der Familienbande und spielte die Jüngeren gegen die Älteren aus. Die konservative Kraft der Familie ist ein Hindernis für jede Massenbewegung. Erst nachdem sich eine revolutionäre Gruppe etabliert hat, ruft sie nach der Familiensolidarität. Das folgende Statement von Jesus nimmt die Bewegung des 20. Jahrhunderts für die Trennung von der Familie vorweg:

> Meinet nicht, dass ich gekommen sei, Frieden auf die Erde zu bringen. Ich bin nicht gekommen, Frieden zu bringen, sondern das Schwert. Denn ich bin gekommen, einen Menschen mit seinem Vater zu entzweien und eine Tochter mit ihrer Mutter und eine Schwiegertochter mit ihrer Schwiegermutter, und des Menschen Feinde werden die eigenen Hausgenossen sein. (Mt 10, 34–36)

Revolutionäre behaupten im Allgemeinen, dass es nicht ihre Person ist, der man folgt, sondern der Idee, die sie repräsentieren; sie drükken damit aus, dass nicht ihnen als Individuen Ruhm oder Tadel gelten kann. Sie sind nur Sprecher einer höheren Macht. Auch Jesus betonte, dass er nicht für sich selbst sprach, sondern den Willen seines himmlischen Vaters zum Ausdruck brachte. Opposition und Widerstand gegen sich interpretierte er als gegen den Herrn gerichtet, dessen Instrument er lediglich sei. Gleichzeitig erhob er jedoch den Anspruch, der Einzige zu sein, der den himmlischen Vater richtig auslegen könne.

Führer aller revolutionären Bewegungen haben gelernt, keinen Zweifel daran aufkommen zu lassen, dass sie in jedem Fall an die Macht kommen werden. Diese unwiderstehliche Art nimmt für sie ein. Jesus war der Erste, der diese Taktik benutzte, als er vorhersagte, dass der Menschensohn unweigerlich erscheinen und das Königreich des Himmels kommen würde. Indem solche Führer erklären, dass sie nur die Zeit bis zum Eintritt des unvermeidlichen Ereignisses überbrücken, ermutigen sie die Anhänger und verunsichern die Gegner, die fürchten müssen, sich dem Lauf der Geschichte entgegenzustellen.

Fragen der Taktik

In dem Sinne, in dem das Konzept der Macht hier gebraucht wird, hat ein Mensch dann „Macht“, wenn er darüber bestimmen kann, was andere zu tun haben. Machttaktiken werden angewandt, um Einfluss und Kontrolle über die soziale Welt zu gewinnen. Kurz gesagt: Ein Mann hat Macht, wenn er jemandem befehlen kann, sich in einer bestimmten Weise zu verhalten, er hat aber auch Macht, wenn er bei jemandem eine bestimmte Verhaltensweise hervorrufen kann. Ein Mensch kann anderen befehlen, ihn hochzuheben und zu tragen, während ein anderer das Gleiche erreicht, indem er in Ohnmacht fällt. Beide bestimmen, was in ihrer sozialen Umwelt geschieht, indem sie Taktiken der Macht einsetzen. Vielen Menschen scheint Macht wichtiger zu sein als alles andere. Der Alkoholiker, der zum Händler sagt, „wenn du mich draußen haben willst, schmeiß mich raus“, mag Schmerz und Demütigung erleiden, aber er bestimmt den Ausgang der Interaktion. Auch ist es möglich zu bestimmen, was über das Grab hinaus passieren wird; das bestätigen Menschen, die Opfer ihres eigenen Willens sind und Angehörige von Selbstmördern. Wenn wir die Taktiken von Jesus untersuchen, ist es nützlich, Machttaktik im weitesten Sinne anzusehen.

Viele Revolutionsführer haben die Taktiken, die Jesus eingeführt hat, kritisiert. Ihre Bedenken bezogen sich jedoch auf die Art, wie etablierte Machthaber sie später einsetzten. Um an der Macht zu bleiben, versuchten einige von ihnen, die Unterdrückten davon zu überzeugen, dass es sich lohne, auf ein zukünftiges Leben zu warten. Jesus benutzte diese Taktik damals jedoch nicht, um die etablierten Kreise zu unterstützen; ihm ging es darum, die Armen aufzurütteln. Wenn Jesus seine Nachfolger anwies, ihre Belohnung im Himmel zu erwarten, kombinierte er dies mit der Drohung, dass sie sonst in der Hölle schmoren würden. Wenn er ihnen den Himmel versprach, versuchte er damit nicht, die Armen zu überreden, ihre Armut zu akzeptieren. Er versprach ihnen den Himmel, wenn sie ihm folgten und den etablierten Kreisen widerstanden. Er sagte:

> Der Sohn des Menschen wird seine Engel aussenden, und sie werden aus seinem Reich alle sammeln, die ein Ärgernis sind und die, welche tun, was wider das Gesetz ist, und werden sie in den Feuerofen werfen. Dort wird Heulen und Zähneknirschen sein. (Mt 13, 41–43)

Er warnte sie, dass sie unerwartet vor dem Gericht stehen würden, und unterschied scharf zwischen jenen, die für ihn, und jenen, die gegen ihn waren. Er sagte:

> Wer nicht mit mir ist, der ist wider mich, und wer nicht mit mir sammelt, der zerstreut. (Lk 11, 23)

Die Verdammung von Christen, die sich der Taktik der Schwäche bedienen, beruht auf einem Missverständnis der strategischen Position von Jesus. Wenn die Bolschewiken behaupteten, Macht müsse mit Macht begegnet werden, und wenn Hitler sagte, dass man auf Terror mit gleichem Terror antworten müsse, handelte es sich dabei um völlig andere Situationen. Jesus konnte den römischen Machthabern nichts Gleichwertiges entgegensetzen. Zur damaligen Zeit konnte ein Führer höchstens sporadische Aufstände anzetteln, organisierte Angriffe gegen die besetzenden Heere der Römer waren jedoch aussichtslos, wie römische Exekutionen regelmäßig bewiesen. Die Römer unterstützten das religiöse Establishment und übertrugen ihm zahlreiche Machtbefugnisse. Daher riskierten jene, die gegen die Kirche waren, getötet zu werden. In dieser Situation entwickelte Jesus die Überlebenstaktik, eine Vorgehensweise, die bis heute von den Machtlosen angewandt wird.

Überlebenstaktiken

Einmal vergleicht Jesus sein Los mit dem der wilden Tiere des Feldes und der Vögel am Himmel; es lohnt sich, auch seine Taktiken damit zu vergleichen. Ähnlich den Menschen bilden auch Tiere soziale Gruppen mit hierarchischen Machtstrukturen. Es kommt zu Machtkämpfen, wenn ein Revolutionär versucht emporzukommen und der etablierte Führer ihn bekämpft. Unter den vielen Taktiken, die Tiere in diesem Kampf einsetzen, ist vor allem die Überlebenstaktik für unsere Studie über Jesus von Bedeutung. Bekämpfen sich beispielsweise zwei Wölfe, und einer wird fast getötet, hebt dieser plötzlich den Kopf und bietet seinem Gegner die Kehle an. Der Gegner kann ihn nicht töten, solange er mit diesem Verhalten konfrontiert wird. Obgleich er der Sieger ist, kontrolliert ihn der Besiegte, indem er verharrt und seine verletzliche Halsschlagader anbietet. Ein ähnliches Verhalten wurde auch bei Truthähnen beobachtet, die ihren Gegner auf diese Weise daran hinderten, sie zu töten. Einen Vergleich zwischen Jesus und dem Tierverhalten stellte auch Konrad Lorenz an. Im Hinblick auf die Frage, was der Mensch vom Verhalten der Tiere lernen kann, schreibt er: „Ich habe letztlich daraus ein tiefes und neueres Verständnis einer wunderbaren und oft missverstandenen Rede des Evangelisten gezogen, die in mir bis dahin nur ein Gefühl der schärfsten Gegnerschaft erweckt hatte. ‚Und dem, der dich auf den Backen schlägt, biete auch den anderen dar‘ (Lk 6, 29). Ein Wolf hat mich gelehrt; nicht dass dein Feind dich dann wieder schlägt, wenn du die Backe hinhältst, sondern dass man ihn damit unfähig macht, es zu tun“ (Lorenz 1964).

Nun kann man der Meinung sein, dass Überlebenstaktiken von Tieren kaum für menschliches Verhalten bei Niederlagen relevant sein dürften. Manche Menschen haben diese Taktik jedoch im Krieg benutzt. In gewisser Hinsicht kann sie als Versuch betrachtet werden, scheinbar außer Kontrolle geratenes Geschehen zu bestimmen. Einen hilflosen Gegner kann man nicht bekämpfen; schlägst du ihn und werden deine Schläge nicht erwidert, wirst du Schuldgefühle entwickeln und dich fragen, wer eigentlich der Sieger ist. Diese Taktik haben weinende Frauen und ängstliche Eltern schon oft erfolgreich erprobt. Sie erkannten bald, dass Hilflosigkeit ihren Forderungen weitaus mehr Nachdruck verlieh, als wenn sie Befehle erteilt hätten. Die extreme Taktik der Selbstmorddrohung gehört ebenfalls dieser Kategorie an.

Das Verfahren, die andere Wange hinzuhalten, beinhaltet allerdings auch Risiken. Es scheint sich um eine Taktik zu handeln, die entweder erfolgreich ist oder mörderische Vernichtung provoziert, wie es die frühen Christen erfahren mussten. Die Tatsache, dass die drei Repräsentanten dieser Vorgehensweise, Jesus, Gandhi und Martin Luther King, eines gewaltsamen Todes starben, gerade so, als ob sie mit dem Schwert gelebt hätten, scheint nicht zufällig. Gandhi hat die Taktik des gewaltlosen Widerstands offensichtlich von Jesus übernommen. Er berichtet, dass er als junger Mann die Bergpredigt gelesen habe, „die direkt in mein Herz floss" (Gandhi 1983). Ob er seine Überlebensstrategie intensiver als Jesus entwickelt hat, können wir nicht wirklich wissen, weil wir nicht genügend Informationen von Jesus haben, während wir viel von Gandhi wissen. Der Einsatz von Schwachheit scheint sehr effektiv zu sein, um den Verlauf eines Machtkampfes zu bestimmen, wenn im Hintergrund eine Gefahr der Gewalt droht, die die Schwachheitstaktik unterstützt. Was damals der Erfolg schwarzer Gewaltlosigkeit gewesen war, könnte auch das Ergebnis der Ängste von Weißen vor mehr Gewalt gewesen sein, als sie viele dieser jungen Leute ermordeten.

Während seines ganzen öffentlichen Lebens predigte Jesus, die andere Wange hinzuhalten, die Feinde zu lieben und für sie zu beten und denen zu vergeben, „die dir siebzig Mal sieben Mal Unrecht tun" (was jeden Gegner zur Kapitulation veranlassen sollte). Es handelt sich um ein strategisches Konzept und weniger um eine religiöse Lehre. Deutlich wird das in einem einzigen Satz, in dem er eine Vorgehensweise empfahl, die Unterdrückte seitdem angesichts einer unbesiegbaren Autorität anwenden. Der Niedrigste kann einen Machtkampf mit seinem höchsten Vorgesetzten gewinnen, wenn er nur das tut, was ihm gesagt wird: Wenn einem widerspenstigen Soldat befohlen wird, den Boden aufzuwischen, kann er ihn nicht nur einfach aufwischen, sondern nicht mehr aufhören, ihn aufzuwischen. Seine Vorgesetzten sind sowohl wütend als auch hilflos, denn sie können ihn nicht dafür bestrafen, dass er tut, was ihm befohlen wurde. Jesus empfahl diese Taktik anlässlich einer allgemeinen Erörterung der Strategie der Hilflosigkeit angesichts einer Autorität:

> Ihr habt gehört, dass gesagt ist: „Auge um Auge und Zahn um Zahn." Ich aber sage euch, dass ihr dem Bösen nicht widerstehen sollt; sondern wer dich auf den rechten Backen schlägt, dem biete auch den anderen dar, und dem, der gegen dich den Richter anruft und dir den Rock nehmen will, dem lass auch den Mantel, und wer dich nötigt, eine Meile zu gehen, mit dem gehe zwei. (Mt 5, 38–41)

Ob Jesus als Erfinder der Überlebenstaktiken gelten kann, erscheint zweifelhaft, fest steht jedoch, dass er sie vehement vertrat. Es wird berichtet, dass es den Juden damals gelungen sein soll, mit Hilfe dieser Taktik Pilatus zu bezwingen. Als Pilatus zum Statthalter ernannt wurde, errichtete er sein Hauptquartier in Caesarea und ließ in Jerusalem die Fahnen des Tiberius aufziehen. Die Juden protestierten gegen diese Fahnen in ihrer heiligen Stadt und sandten eine Gruppe von ihnen nach Caesarea. Pilatus schloss sie mit seinen Truppen ein und teilte ihnen mit, er würde sie alle töten lassen, wenn sie sich nicht zerstreuten. Die unbewaffneten Juden „warfen sich gemeinsam auf den Boden, boten ihren Nacken dar und riefen, sie seien eher bereit zu sterben, als ihr Gesetz zu übertreten" (Josephus 1961). In Jerusalem wurden die Fahnen des Kaisers daraufhin eingezogen.

Dass es sich dabei eher um eine Taktik als eine persönliche Philosophie von Jesus handelte, geht daraus hervor, dass er selbst nie die andere Wange hinhielt. Seinen Gegnern, den Schriftgelehrten und Pharisäern, die ihn kritisierten, begegnete Jesus nicht nur ebenfalls mit Kritik, sondern er beschimpfte sie und drohte ihnen. Als die Pharisäer seine Männer kritisierten, weil sie am Sabbat Brot aßen, wies Jesus sie darauf hin, dass auch David die geweihten Brote gegessen habe und im Übrigen er selbst als Menschensohn Herr des Sabbat sei. Als sie sagten, er heile mit Hilfe des Teufels, nannte er sie eine Vipernbrut, und als sie fragten, warum seine Jünger sich nicht vor dem Essen die Hände wuschen, bezeichnete er sie als Heuchler (Mt 15). Das sind nicht gerade sanftmütige Erwiderungen. Normalerweise reagierte Jesus auf seine Gegner mit einer Frage oder einem Angriff und nicht mit passivem Widerstand. Tatsächlich hat Jesus nie jemandem vergeben, der ihm übel wollte oder ihn kritisierte, obgleich er jenen vergab, die anderen übel wollten. Am Kreuz bot er allgemein Vergebung für jedermann an, als er sagte: „Vater vergib ihnen, denn sie wissen nicht, was sie tun." Aber in einer persönlichen Begegnung lehnte er Vergebung immer ab. Beispielsweise hätte er Judas vergeben können, der ihn verriet. Stattdessen sagte er: „Aber weh dem Menschen, durch den der Sohn des Menschen verraten wird! Es wäre besser, wenn er nicht geboren wäre, jener Mensch" (Mt 26, 24).[2]

Die Entscheidung

Jesus als Taktiker zu sehen, erleichtert nicht nur unser Verständnis der Machtkämpfe, eine solche Sichtweise könnte möglicherweise auch einige Widersprüche in den Evangelien klären helfen. Die Evangelisten sind bezüglich der letzten Tage von Jesus unsicherer als bei jedem anderen Abschnitt seines Lebens. In ihrem Bemühen, seine Unschuld nachzuweisen, übersahen sie, was ihm eigentlich vorgeworfen wurde, und ihre Versuche, seine Handlungen als komplizierte Prophezeiungen über den Messias zu definieren, vergrößerten die Verwirrung noch.

Als es dem Ende entgegenging, schuf er eine Situation, in der es keine Hoffnung mehr auf einen Kompromiss gab. Er verdammte die Geistlichen, er verdammte den Tempel und wurde schließlich noch tätlich. Auch wenn er es vermied, zur offenen Rebellion gegen das Priestertum aufzurufen, ließen seine Worte doch an Klarheit nicht zu wünschen übrig. Er sagte:

> Auf Moses Stuhl haben sich die Schriftgelehrten und Pharisäer gesetzt. Alles nun, was sie euch sagen, tut und befolget; aber nach ihren Werken tut nicht, denn sie sagen und tun es nicht. Sie binden aber schwere Bürden und legen sie auf die Schultern der Menschen; doch sie selbst wollen sie nicht mal mit dem Finger bewegen. (Mt 23, 2–4)
>
> Wehe aber euch, ihr Schriftgelehrten und Pharisäer, ihr Heuchler, dass ihr das Reich der Himmel vor den Menschen zuschließt. Denn ihr kommt nicht hinein, und die, welche hinein wollen, lasst ihr nicht hinein. (Mt 23, 13)

Jesus hielt sich nicht allzu lange bei der Kritik auf, er handelte. Er verübte einen Anschlag auf den Tempel, indem er die Tische der Geldwechsler und der Händler von geweihten Tieren umwarf. Da ein wichtiger Teil der Finanzierung des Tempels aus dem Verkauf der Tiere und dem Geldwechsel bestand, war das kein kleiner Anschlag. Dies zeigt wieder einmal seine Fähigkeiten als Taktiker, denn er wählte die empfindlichste Stelle seines Gegners. Weder schändete er den Altar, noch drang er in das Allerheiligste ein – er konzentrierte sich auf den kommerziellen Aspekt des Tempels und erklärte, sie verwandelten das Bethaus in eine Räuberhöhle. Ein Angriff dieser Art sprach sich in der Stadt schnell herum. Der Priesterschaft machte er es schwer, sich an ihm zu rächen, weil er ihre eigenen Schriften zitierte und Punkte aufgriff, die nicht leicht zu verteidigen waren.

Jesus beschränkte sich nicht darauf, das Establishment zu verdammen, sondern bot sich selbst als Alternative an.

Seine Position war zu radikal: Die etablierten Kreise mussten etwas gegen ihn unternehmen, wenn sie überleben wollten. Offensichtlich erwogen sie, ihn festzunehmen, aber „sie fürchteten die Volksmenge“ (Mt 21, 46); es gab auch einen Versuch, ihn zu steinigen, aber er entkam. Schließlich gelang es ihnen doch, ihn gefangen zu nehmen.

Trotz der Verwirrung der Evangelisten über seine letzten Tage finden sich einige klare Punkte:

1. Trotz der Bedenken seiner Jünger bestand Jesus darauf, nach Jerusalem zu gehen. Als er in der heiligen Stadt ankam, verhielt er sich so extrem, dass er damit seine Inhaftierung erzwang. Er sorgte dafür, dass ihn die Gefängnisoffiziere finden würden, indem er geduldig wartete, bis sie kamen. Man kann den Verrat von Judas auch als ein Arrangement von Jesus interpretieren. Jesus sagte: „Einer von euch wird mich verraten“, und als er gefragt wurde, wer das sein würde, antwortete er:

   > Der ist es, dem ich den Bissen eintauchen und geben werde. Darauf taucht er den Bissen, ein, nimmt ihn und gibt ihn dem Judas, dem Sohn des Simon Ischarioth. Und nach dem Bissen da fuhr der Satan in ihn. Jesus sagt nun zu ihm: Was du tun willst, tue bald! (Joh 13, 26 f.)

2. Man versuchte, ihn durch den Hohen Rat zum Tode zu verurteilen und dem römischen Statthalter zur Hinrichtung zu übergeben.

3. Pilatus lehnte es ab, ihn zu töten, da er keine Beweise dafür fand, dass Jesus römisches Recht gebrochen hatte.

4. Pilatus wandte sich wegen der Entscheidung an das Volk, und die Menge forderte den Tod Jesu.

Vom Zeitpunkt seines Prozesses an vermitteln die verschiedenen Versionen der Schrift wieder ein einheitliches Bild des Verhaltens Jesu. Geht man von seinem aggressiven Auftreten und seiner Bereitschaft, inhaftiert zu werden, aus, wären folgende Interpretationen möglich. (a) Er war tatsächlich der Messias und musste daher die Prophezeiung erfüllen, von seinen Feinden gefangen genommen und getötet zu werden. (b) Er opferte sich für die Sünden der Welt als Teil der messianischen Aufgabe; das war seine persönliche Entscheidung. (c) Er wurde verrückt, wie Shaw (1984) meint und Schweitzer (1948) abstreitet, und entschied sich, der Messias zu sein und sterben zu müssen, damit das Königreich des Himmels sofort kommen konnte. (d) Er wollte nicht sterben, sondern nur inhaftiert werden, weil er noch vorhatte, sich in einem abschließenden Machtkampf mit dem Establishment zu messen.

Das Verhalten Jesu nach seiner Inhaftierung scheint für die letzte Interpretation zu sprechen. Nachdem er sich hatte verhaften lassen, machte er es dem Establishment fast unmöglich, ihn zu verdammen und hinzurichten. Wenn er in Erfüllung der messianischen Prophezeiung getötet werden oder sich für die Sünden der Welt opfern wollte, hätte er einfach verkünden können, er sei der Messias. Damit hätte er das römische Recht verletzt. Seine Hinrichtung wäre eine Routineangelegenheit gewesen. Wäre er verrückt geworden und hätte versucht, sich in einer selbstmörderischen Art zu opfern, wäre sein Verhalten wahrscheinlich ähnlich provokativ ausgefallen und hätte die Tötung nach sich gezogen. Doch das tat er nicht. Er weigerte sich zu sprechen, weigerte sich zu sagen, dass er der Messias sei, und lehnte es ab, sich Rom zu widersetzen. Nachdem er sich in die Hände der etablierten Kreise begeben hatte, verhielt er sich so, dass seine Hinrichtung immer unwahrscheinlicher wurde.

> Die Hohepriester aber und der ganze Rat suchten falsches Zeugnis wider Jesus, um ihn zu Tode zu bringen, und sie fanden keins, obgleich viele falsche Zeugen hinzukamen. (Mt 26, 59 f.)

Selbst in dieser Situation fluchte Jesus nicht, er schmähte weder die Schriftgelehrten und Pharisäer, noch verteidigte er sich oder wies auf seine Autorität hin. Während der langen Stunden des Verhörs und der vergeblichen Vernehmung von Zeugen sagte er nichts. Matthäus fährt fort:

> Doch zuletzt kamen zwei und sagten aus: Dieser hat gesagt: Ich kann den Tempel Gottes zerstören und nach drei Tagen aufbauen. Und der Hohepriester stand auf und sprach zu ihm: Antwortest du nichts auf das, was diese wider dich zeugen? Jesus aber schwieg. (Mt 26, 60–63)

Erst als er provoziert wurde, redete Jesus schließlich. Seine Antwort war zweideutig:

> Da sprach der Hohepriester zu ihm: Ich beschwöre dich bei dem lebendigen Gott, dass du uns sagst, ob du der Christus, der Sohn Gottes, bist. Jesus antwortete ihm: Du hast es gesagt. Ja, ich sage euch: Von jetzt an werdet ihr den Sohn des Menschen sitzen sehen zur Rechten der Macht und kommen auf den Wolken des Himmels. Da zerriss der Hohepriester seine Kleider und sprach: Er hat gelästert. Was bedürfen wir weiterer Zeugen? Siehe, jetzt habt ihr die Lästerung gehört. Was meinet ihr aber? Sie aber antworteten und sprachen: Er ist des Todes schuldig. (Mt 26, 63–66)

Für Jesus bedeutet „Du hast es gesagt" nicht dasselbe wie „Ja, ich bin's". Nur einer der vier Autoren des Neuen Testaments hat ihm zugestanden, er sei der Messias. Alle stimmen darin überein, dass diese Äußerung erst fiel, nachdem er während der ganzen Verhöre geschwiegen hatte. Markus lässt ihn sagen: „Ich bin's. Und ihr werdet sitzen sehen des Menschen Sohn zur Rechten der Macht und kommen mit den Wolken des Himmels." Lukas legt ihm die Antwort in den Mund: „Ihr sagt es, dass ich es bin." Johannes erwähnt das Ereignis überhaupt nicht. Jesu Aussage: „Du hast es gesagt", nimmt der Hohepriester offensichtlich als Synonym für „ich bin es". Doch als Jesus Pilatus dieselbe Antwort gibt, wird sie nun offenbar als Verneinung gewertet. Bedeutsam für die Frage, ob Jesus zugegeben hat, er sei der Messias, ist die Tatsache, dass er das während seiner ganzen Laufbahn niemals verkündet hat. Das haben immer nur andere behauptet.

Obgleich die Gesetze des Hohen Rates nicht genau festgelegt waren, galten seine Mitglieder als Menschen mit strengen Prinzipien. Beispielsweise waren Zeugen notwendig, von denen man zwei haben musste. Nach dem Gesetz konnte auch niemand für seine eigenen Aussagen verurteilt werden. Jesus wird jedoch für ein Verbrechen verurteilt, das unklar ist und ganz auf diesen kurzen und zweideutigen Aussagen am Ende seines Prozesses basiert. Der Vorgang bleibt rätselhaft. Wenn Jesus der Messias war, der geopfert werden musste, warum erschienen dann keine glaubwürdigen Zeugen, die die Verurteilung erleichtert hätten, oder warum machte er nicht, wie schon so oft, einige beleidigende Aussagen, aufgrund derer er ohne weiteres hätte verurteilt werden können? Indem er zunächst schwieg und dann nur eine kurze und zweideutige Antwort gab, machte Jesus es ihnen vom Gesetz her unmöglich, ihn zum Tode zu verurteilen: Die Verurteilung konnte nur durch eine Verletzung der Vorschriften erfolgen und sich allein auf seine eigenen Aussagen stützen. Sie geschah in einem Anfall von Ärger, sie erfolgte impulsiv.

Eine ganz ähnliche Situation ergibt sich, als Jesus vor den römischen Statthalter gebracht wird. Obwohl die römischen Machthaber weitestgehende Befugnisse hatten, konnten sie niemanden ohne die Genehmigung von Pilatus hinrichten. Wenn Jesus also dazu bestimmt war, hingerichtet zu werden, hätte er Pilatus überzeugen müssen, den Befehl dazu zu geben. Stattdessen machte er es ihm äußerst schwer, wenn nicht gar unmöglich, seine Hinrichtung anzuordnen.

Obgleich Jesus bereit war, die religiösen Kreise und die einheimischen Herrscher zu kritisieren, war sein Verhalten den Römern gegenüber durch große Vorsicht geprägt. Im Neuen Testament findet sich keine Aussage von ihm, die als Angriff gegen Rom ausgelegt werden könnte – trotz der Feindschaft der Hebräer gegenüber der Fremdherrschaft. Jesus brachte das arme Volk nicht gegen Rom oder gegen die Zahlung der römischen Steuern auf (wohingegen er die Tempelsteuern angriff, Mt 17, 26). Im besten Fall betrachtete er die Römer als Nichtjuden, das heißt, sie zählten für ihn nicht. Er wies seine Jünger an, nur mit Juden zu verhandeln, und sagte: „Ich bin nur zu den verlorenen Schafen des Hauses Israel gesandt" (Mt 15, 24)[3]. Jesus verdammte zwar die Klasse der Nichtjuden, doch machte er keine anti-jüdischen Bemerkungen, auch nicht, als seine

Feinde ihn hereinzulegen versuchten, indem sie ihn fragten, ob Cäsar ein Tribut zu zahlen sei. Er sagte: „Was versuchet ihr mich, ihr Heuchler?“, und fügte hinzu: „So gebet dem Kaiser, was des Kaisers ist, und Gott, was Gottes ist“ (Mt 22, 19–21).

Es kann natürlich sein, dass die Verfasser der Evangelien Rom nicht bekämpfen wollten und deshalb keine seiner anti-römischen Aussagen aufschrieben. Vielleicht hat sich Jesus aber wirklich jeglicher Äußerung enthalten. Die römische Macht muss unbesiegbar gewirkt haben; ein Machtstratege greift eine Übermacht jedoch nicht direkt an, er sucht nach anderen Mitteln, sie zu unterminieren.

Die Weigerung Jesu, Rom anzugreifen, brachte Pilatus in eine schwierige Lage. Nach dem Gesetz konnte er ihn nicht töten. Hielt er sich daran, musste er jedoch mit einem Aufstand der Priesterschaft rechnen. Schließlich wandte sich Pilatus an das gemeine Volk und legte die Entscheidung in dessen Hände, indem er den Vorwand anbrachte, einen Gefangenen an einem Feiertag entlassen zu wollen. Die Menge entschied sich gegen Jesus.

Wenn Jesus so populär war, dass man ihn heimlich einsperren musste, erhebt sich jedoch die verwirrende Frage, warum die Menge seinen Tod forderte. Schweitzer ist der Meinung, dass die Menge sich so entschied, weil sie hörte, dass er beim Prozess angegeben habe, der Messias zu sein, und das war Blasphemie (1977). Eine katholische Version besagt, dass sich in der Menge zahlreiche Priester befunden hätten. Eine wichtigere Frage ist, ob diese Episode so überhaupt vorgekommen sein kann – denn man sagt, es sei damals nicht üblich gewesen, einen Gefangenen an einem Feiertag freizulassen. Alle Aspekte der Authentizität des Prozesses, der Herrschaft des Hohen Rates, der Macht des Statthalters und so weiter wurden bereits endlos diskutiert. Jesus hatte versucht, die Priester zu zwingen, mit ihm zu verhandeln. Da er das römische Recht nicht verletzt hatte, muss es den Römern große Schwierigkeiten bereitet haben, ihn legal hinzurichten. Die Version der Evangelisten scheint damit so gut wie jede andere.

Lassen Sie uns annehmen, wir befänden uns in der Situation Jesu vor seiner Gefangennahme. Wir sind Strategen und fragen uns, was wir im Falle unserer Gefangennahme gewinnen und was wir verlieren. Wir werden zu schätzen versuchen, wie hoch Gewinn und Verlust in einer Situation mit ungewissem Ausgang sind. Die Reihenfolge der Wahrscheinlichkeit sieht folgendermaßen aus:

1. Wenn der Hohe Rat Zweifel an der Glaubwürdigkeit der Zeugen hat und das Opfer schweigt, wird er gezwungen sein, Jesus aus Mangel an Beweisen freizulassen. Damit wäre die Unfähigkeit der herrschenden Klasse gegenüber der Bewegung Jesu sowie seinen aggressiven Aussagen und dem tätlichen Angriff im Tempel bewiesen.

2. Der Hohe Rat bricht aus Erbitterung seine eigenen Gesetze und verurteilt ihn ohne Beweise. Daraufhin bringt man ihn dem römischen Statthalter zur Hinrichtung. Da Jesus kein römisches Recht gebrochen hat, kann der Statthalter nur die Entlassung oder schlimmstenfalls eine Geißelung anordnen. Jesus hätte dann die Priesterschaft in Misskredit gebracht und ihre Machtlosigkeit bewiesen. Er würde als jemand entlassen, der den Tempel offen angreifen durfte und von Rom toleriert wird.

3. Der unerwartete Fall tritt ein, und Pilatus überlässt die Entscheidung der Menge. Mit Hilfe der Gefolgschaft, die Jesus aufgebaut hat, wird er vom gemeinen Volk befreit und zum Führer einer populären Bewegung, die die Priesterhierarchie nicht länger unter Kontrolle hat.

4. Pilatus wendet sich an die Menge, und diese fordert seinen Tod. Das erscheint am wenigsten wahrscheinlich. Doch das unwahrscheinlichste aller möglichen Ereignisse tritt ein.

So gesehen, könnte man die Hinrichtung Jesu als das Ergebnis seiner Fehlkalkulation interpretieren. Wer hätte voraussagen können, dass der Hohe Rat ihn ohne Beweise verurteilen, dass Pilatus die Menge entscheiden lassen und dass die Menge, der er niemals Unrecht zufügte, seinen Tod fordern würde? Auch ein Großmeister der Taktik konnte das nicht alles voraussehen.

Ein wesentlicher Charakterzug Jesu bestand darin, über alles, was in seiner Umgebung geschah, bestimmen zu wollen. Der Widerstand gegen ihn konzentrierte sich in Jerusalem, und exakt diesen Ort wählte er für seinen letzten Kampf. Seine Gefangennahme ereignete sich an einem Ort und zu einer Zeit, die er – durch seine provokante Aktion – bestimmte. Nach seiner Gefangennahme verhielt er sich in einer Weise, die seine Gegner hilflos machte und sie zwang, in seinem Sinne zu reagieren; sie konnten ihn weder verurteilen noch entlassen. Hatte er die Verzweiflung seiner Gegner unterschätzt? Plötzlich fand er sich in einer Situation, in der er das, was geschah, nicht mehr unter Kontrolle hatte. Dementsprechend klagte er am Kreuz: „Mein Gott, mein Gott, warum hast du mich verlassen?" (Mt 27, 46). Für die Annahme, dass Jesus sich freiwillig kreuzigen ließ, spricht seine Entschlossenheit, unbedingt zu kontrollieren, was mit ihm geschah. Wie extrem er in dieser Beziehung war, zeigt die Art, wie er nicht nur mit seinen Jüngern und Anhängern umging, sondern auch mit seiner physischen Umwelt. Wollte er eine Feige, und der Baum hatte keine, kam dies für einen Menschen, der immer bestimmen will, was geschieht, einer Beleidigung gleich. Er verdammte den Baum zu ewiger Dürre. Seine Anhänger zeigten sich davon wenig überrascht, offensichtlich nahmen sie an, dass das eben sein Charakter war; verwundert waren sie nur, dass ihm das Verdorren des Baumes gelang. Auch wenn wir vermuten, dass seine Pläne in den letzten Tagen nicht aufgingen, hat er deshalb als der Mann, der eine Organisation aufbaute, keinesfalls versagt. Im Gegenteil. Durch den Akt des Sich-hinrichten-Lassens erweiterte er seine Kontrolle über den Tod hinaus und brachte die Mehrheit der Menschheit dazu, den Nacken unter dieses Joch zu beugen. Das passt zum Charakter eines Mannes, der sagt: „Mir ist alle Gewalt gegeben im Himmel wie auf Erden" (Mt 28, 18).

Das Vermächtnis

Offensichtlich hatten die Strategien und Organisationstaktiken, die Jesus entwickelte und anwandte, für viele Anführer von Massenbewegungen Vorbildcharakter. Sie lassen sich folgendermaßen zusammenfassen:

Die Führer von Massenbewegungen, gleich welcher politischen Couleur, sind auf der Suche nach Macht, die sie außerhalb des herrschenden Ordnungsgefüges unter den vernachlässigten und machtlosen Menschen zu finden hoffen. In den Ländern, in denen Massenbewegungen erfolgreich waren, bilden diese Menschen die Mehrheit. Der Führer behauptet, dass den armen Arbeitern und Bauern mehr Macht zusteht als anderen Schichten, womit er die Wohlhabenden und Etablierten öffentlich angreift. Sind die Armen wirklich verzweifelt, wie beispielsweise in Zeiten militärischer Niederlagen, steigen die Chancen für den Erfolg der Bewegung.

Der Führer organisiert einen Kader, dessen Mitglieder er als „Menschenfischer“ einsetzen kann. Diese Jünger werden aus der Bevölkerungsschicht herausgesucht, die beeinflusst werden soll. Man erwartet von ihnen, dass sie ihrem Führer und der Bewegung ganz ergeben sind. Dazu müssen sie alle Erwartungen an die bestehende Gesellschaft aufgeben, alle Familienbande zerreißen und auf alle Gruppenbindungen verzichten, ausgenommen ihre Loyalität zur Bewegung.

Sind sie erst einmal so weit, können sie ihr kaum mehr schaden und sie auch nicht mehr aufgeben; sie haben zu viel geopfert, als dass sie noch woanders hingehen könnten. Eine weitere Bindung des Kaders an die Führung wird erreicht, indem man betont, dass sie verfolgt werden. Außerdem gibt man ihnen eine Aufgabe und damit einen Lebenssinn. Als Gegenleistung für ihre Opfer bieten die Führer ihren Jüngern innerhalb der Organisation sowie im Königreich, das kommen soll, den Status einer Elite an.

In der Öffentlichkeit definiert der Führer den Zweck seiner Bewegung als wohltätig: Die Menschheit soll gerettet werden, wogegen man eigentlich nicht sein kann. Er ist sich sicher, dass seine Bewegung an die Macht kommen wird: Sie ist der nächste Schritt in der Entwicklung der Menschheit. Der Führer verspricht den Massen ein Paradies in einer etwas unklaren Zukunft. Folgen sie nicht, droht ihnen Unheil. Er setzt seine Hoffnung auf die Jungen, die noch keinen festen Platz in der etablierten Gesellschaft haben. Gezielt hetzt er sie gegen die Älteren auf, damit sie sich von der Familie lösen, die die Macht des Establishments verstärkt.

Indem der Führer sich selbst als jemanden darstellt, der die Macht nicht aus persönlichen Gründen will, zeigt er nur, dass er eine Mission erfüllt, die auch von ihm große Opfer verlangt. Er sagt nicht, dass man ihm seinetwegen folgen soll oder dass er ein großer Führer sei, sondern meint bescheidener, dass er nur Interpret der großen Macht ist, die seinen Gefolgsleuten eine großartige Zukunft bringen wird. Allerdings ist er der *einzige* richtige Interpret dieser Macht.

Der Führer, der Anhänger um sich versammelt, tritt in der Öffentlichkeit als Autorität auf, die den herrschenden Kreisen gleichwertig ist. Berühmte Führer der gegnerischen Seite greift er mit dreisten Anschuldigungen an. Gleichzeitig setzt er eine flexible Strategie ein, indem er in einer ungefährlichen Situation Angriff mit Angriff beantwortet. Ist der Gegner jedoch zu stark, benutzt er gewaltlose Methoden und bewegt sich innerhalb des gesetzlichen Rahmens. Im entscheidenden Stadium nimmt er der regierenden Macht gegenüber eine kompromisslose Position ein. Da er Macht innerhalb der etablierten Kreise ablehnt, sind Kompromisse nicht möglich. Im Falle des Gelingens folgt eine unbarmherzige Eliminierung jedes einzelnen Gegners.

Man kann heute nicht nach der Macht über Massen greifen, ohne die Strategien Jesu zu berücksichtigen. Kein Führer war so bekannt und ist mit seinen Worten und Taten so Teil des Denkens seiner Anhänger geworden. Ob Jesus eine originäre religiöse Philosophie geschaffen hat oder nicht, als Menschenführer war er jedenfalls ein außerordentlicher Erneuerer. Sollten alle großen Machtkämpfer in einer Ruhmeshalle verehrt werden, die erste Nische gehörte dem Messias von Galiläa.

Anmerkungen

1 Hoffer schreibt: „Schon immer haben Menschen verzweifelt für schöne Städte und Gärten gekämpft“ (1950, S. 73)

2 Es ist allerdings auch möglich, dass es sich hierbei um eine philosophische Aussage über Übeltäter im Allgemeinen und nicht um eine persönliche Bemerkung über Judas handelt. Durkheim ist der Meinung, dass jede Gesellschaft Außenseiter braucht, damit die übrigen Mitglieder der Gesellschaft wissen, wie sie miteinander umzugehen haben. Jesus sah das voraus. Er sagte: „Wehe der Welt der Verführungen wegen! Denn es ist zwar notwendig, dass die Verführungen kommen; doch wehe dem Menschen, durch den die Verführung kommt!“ (Mt 18, 7)

3 In dieser Passage bittet ihn eine nichtjüdische Frau, ihre Tochter zu heilen. Er lehnt dies ab mit der Begründung, dass er sein Brot nicht vor die Hunde werfen wolle. Die Frau konfrontiert Jesus mit seiner eigenen, oft angewandten Taktik: Statt sich über diese verletzende Antwort zu ärgern, bietet sie die andere Backe an und sagt, dass Hunde von den Brosamen leben, die von des Herrn Tisch fallen. Jesus kapituliert und hilft ihr.

Wie man eine schreckliche Ehe führt

Es gibt unzählige Artikel, Bücher und Therapeuten, die Ratschläge anbieten, wie eine Ehe verbessert oder gerettet werden kann. Was fehlt, ist ein Ratgeber, der Hinweise gibt, wie man eine schreckliche Ehe führt. Auch wenn es einige Leute gibt, die die Ehe mögen, so stellt sich die Frage, was mit den unzähligen Ehepaaren geschieht, die eine unglückliche Ehe suchen. Sie suchen sie, denn sonst müssten oder könnten sie nicht so viel streiten und sich so wenig Freude bereiten. Dazu bestimmt, unglücklich zu sein, können sich diese Leute nirgendwo hinwenden, um einen Rat zu erhalten. Sie lassen sich scheiden und heiraten wieder und immer wieder. Jede neue Ehe ist eine Suche nach einer noch schrecklicheren als der bisherigen. Wären sie – mit dem einen oder anderen Ratschlag unterstützt – bei ihrem ersten Ehepartner geblieben, hätten sie auch dort genügend Unglück finden können.

Vor kurzem erschien eine umfangreiche Studie, die sich mit der Frage beschäftigt, wie man eine unglückliche Partnerschaft kreiert, sei sie nun heterosexuell, homosexuell oder geheim. Die erste wissenschaftliche Abhandlung zu diesem Thema hat enzyklopädische Ausmaße und trägt den Titel „Unglücklich werden in Zweierbeziehungen unter besonderer Berücksichtigung von Ehepaaren". Der interessierten Öffentlichkeit wird hier eine Zusammenfassung der Möglichkeiten gegeben, die zur Verfügung stehen, um sich eine schreckliche Ehe zu schaffen.

In seinem geschichtlichen Abriss betont der Autor, es liege im Wesen der Ehe, dass bisher immer eine von außen kommende Kraft nötig gewesen sei, um verheiratete Paare dazu zu bringen, zusammenzubleiben. Zuerst schuf die Kirche strenge Gesetze gegen Trennung und Scheidung, später übernahm der Staat die Aufgabe, Scheidungen zu erschweren. Mit der Abdankung der Kirche und der vom

Staat gewährten Freiheit kann sich heute jeder, der will, scheiden lassen. Expandierende Scheidungsraten sind die Folge. Jemand, der sich vornimmt, eine schlechte Ehe zu führen, riskiert im Gegensatz zu früher eine Trennung. Dadurch verändert sich die eheliche Drohung. Der Ehepartner, der drohen kann, den anderen zu verlassen, ist in einer Position der Stärke, da der andere aus Angst vor der Trennung schneller kapituliert. Mit der Erleichterung der Scheidung ist die Drohung, aus der Ehe zu fliehen, riskant geworden. Schätzen Ehegatten nun einen Streit falsch ein und lassen ihn eskalieren, riskieren sie die Trennung und laufen Gefahr, dass die nächste Ehe erfreulich wird.

Wir werden im Folgenden verschiedene Möglichkeiten ehelichen Unglücks in unterschiedlichen Entwicklungsstadien vorstellen: Wie man eine Ehe schlecht beginnt, wie man eine Ehe in den ersten Jahren verschlechtert, worüber man streiten kann, wenn die Kinder nicht mehr im Haus sind, und wie man Ehesorgen im Alter vermehrt, auch wenn es an Kraft fehlt.

Wie man eine unglückliche Ehe plant

Man muss an der Ehe arbeiten. Das meinen jedenfalls alle Fachleute. Unglücklich zu werden erfordert bewusste Bemühung. Und die beginnt schon bei der Planung. Ist der schlechte Start erst einmal geglückt, erweist sich alles andere als überraschend einfach. Es gibt zwei Grundarten, in eine Ehe so zu gehen, dass der Jammer zwingend eintritt: Erstens aus den falschen Gründen zu heiraten und zweitens die falsche Person zu wählen. Eine Ehe schlecht anzufangen ist wie die ordentliche Grundsteinlegung eines Hauses: Von Beginn an wird das Unglück in die Struktur eingearbeitet.

In eine Ehe zu flüchten, um irgendetwas zu vermeiden, ist der populärste falsche Grund zum Heiraten. Impulsiv wird ein Partner auf Lebenszeit gewählt, um aus einer unbefriedigenden Lage herauszukommen. Es gibt viele Situationen, denen man entfliehen möchte: Man kann heiraten, um der Armut zu entkommen, um die Schule zu vermeiden, um nicht für den Lebensunterhalt sorgen zu müssen usw. Am häufigsten wird geheiratet, um der Familie zu entfliehen. Nörgeln die Eltern ständig an der mangelhaften Sauberkeit im Zimmer herum oder versuchen sie zu bestimmen, wann man abends nach Hause kommen muss, damit man genügend Schlaf bekommt, oder drängen sie, exzessives Trinken und Drogen aufzugeben, dann ist die Flucht aus einer solchen repressiven Atmosphäre die Regel. Die Freiheit kommt mit der eigenen Wohnung. Man muss nur einen jungen Mann oder eine Frau zum Heiraten und für die Halbierung der Kosten finden. Es wird geschätzt, dass 81 Prozent der jungen Leute unter 21 Jahren heiraten, um dem Elternhaus zu entfliehen. „Endlich frei, endlich frei!", rufen sie und stürzen in ihre eigenen Behausungen. Von diesem Moment an, so hoffen sie, müssen sie nie mehr putzen, können jede Nacht wegbleiben, trinken und Drogen nehmen, bis sie umfallen, und ganz einfach ihre Freiheit genießen.

Wenn der einzige Zweck der Ehe jedoch darin besteht, von der Familie wegzukommen, hat sie selbst unglücklicherweise keinen Sinn. Erfolgte die Wahl nicht aus diesem Grund, so fehlt die Grundlage, um sich als verheiratetes Paar aneinander erfreuen zu können.

Hat man erst einmal einen unpassenden Partner gewählt, kann sich das Paar innerhalb einiger Wochen nicht mehr ausstehen. Es beginnt der Streit darüber, wer putzt und wer wann nach Hause kommt. Das Trinken und die Rauschmittel tun ihr Übriges. Wenn es erst einmal so weit gekommen ist, müssen die jungen Leute nur noch wenig Mühe aufbringen, um eheliches Unglück zu finden. Manche scheinen regelrecht dazu ausersehen, Unglück zu genießen. Sie benutzen eine Schwangerschaft als Grund, ihre Familie zu verlassen und zu heiraten. Wenn Eltern sehen, wie ein Baby die Figur der Tochter aus der Form bringt, ermutigen sie sie gewöhnlich sogar zur Heirat. Kommt ein Baby in die Behausung des jungen Paares, erweitern sich schlagartig die Möglichkeiten zum Unglücklichsein! Das Baby kann ein noch schlimmeres Durcheinander verursachen als das Paar allein. Es vermag sie länger wach zu halten als Partys und kann Gefühle unterdrückter Wut fördern. Nun sind sie hilflos an dieses Wesen gefesselt, für das sie sorgen müssen. Endlose Diskussionen werden entfacht, wer nun was für das Baby tun muss, wer mit dem Sozialamt verhandelt, wenn sie beschuldigt werden, ihr Kind zu misshandeln, und wessen Schuld es war, dass das Baby überhaupt existiert. Lautstarke Diskussionen darüber, wie das große Leben wäre, wenn sie nicht so hereingefallen wären, zeigen den Nachbarn, dass sie ein Paar sind, das es versteht, sich gegenseitig geschickt das Leben schwer zu machen.

Wie man den falschen Partner wählt

Die Wahl der verkehrten Person kann genauso Erfolg versprechend sein wie eine Heirat aus den falschen Gründen. Wie wählt man einen Partner für eine schreckliche Ehe aus? Die Antwort ist einfach. Komplizierte psychologische Tests zur Feststellung von Unverträglichkeiten werden nicht benötigt. Auch ist es nicht unbedingt erforderlich, bei der Wahl einen besonders großen Fehler zu machen, also einen Partner einer anderen Rasse, einer fremden Religion oder einer ganz anderen sozialen Klasse zu wählen, obgleich eine solche Wahl sehr wohl als Grundstock für spätere Schwierigkeiten dienen kann und damit sicher zum Ziel führt. Grundsätzlich muss die Wahl eines Heiratspartners nach zwei Kriterien erfolgen: Erstens muss er oder sie attraktive Fehler haben, die sich von den eigenen unterscheiden; zweitens muss man die Aufgabe verspüren, diesem Menschen zu helfen, seine Fehler zu überwinden. Beispiele finden sich überall in der Nachbarschaft; man braucht nur genau hinzusehen. Das klassische Paar, das in der vorehelichen Beratung oft als Modell dient, besteht aus einer sehr verantwortungsbewussten Frau, die sich zu einem Mann hingezogen fühlt, dessen Fehler es ist, verantwortungs- und sorglos zu sein. Sie bewundert seine Selbstsicherheit, seine Fähigkeit, es sich gut gehen zu lassen und seine unterhaltsame Art. Ihr Fehler war schon immer, dass sie zu schüchtern und verantwortungsvoll war und sich nicht gehen lassen konnte. Der Mann dagegen hofft, dass sie ihn von seiner Neigung, selten zu Hause zu sein, heilt, denn er möchte sesshaft werden. Sind sie erst einmal verheiratet, sollte das Paar fortfahren, sich gegenseitig zu erziehen. Sie muss darauf bestehen, dass er einen besseren Job mit längeren Arbeitszeiten bekommt, über eine weniger erfreuliche Laufbahn nachdenkt, nicht so viel trinkt, Geld spart und aufhört, ständig Partys zu feiern. Er kann ihr vorwerfen, jeden Pfennig umzudrehen, keinen Abend genießen zu können und überhaupt schrecklich langweilig zu sein. Obwohl dieses Arrangement einfach erscheint, reicht es aus, sich gegenseitig viele, viele Jahre lang unglücklich zu machen. Genialität ist nicht erforderlich, nur Ausdauer.

Auch bei vertauschten Rollen bieten sich interessante Möglichkeiten. Die Frau, aktiv und dominant, erfolgreich im Beruf und angesehen im gesellschaftlichen Leben, wird von einem farblosen, ruhigen Burschen angezogen, dessen Fehler es ist, zu schüchtern und ohne Selbstbewusstsein zu sein. Er wiederum fühlt sich von ihr angezogen, weil sie den Geist hat, der ihm fehlt, und von dem er hofft, dass er auf ihn übergehen wird. Sind sie erst einmal verheiratet, beginnen beide Partner sofort damit, den anderen zu erziehen. Es ist ganz offensichtlich, dass sich unter diesen Bedingungen eheliches Unglück leicht bewerkstelligen lässt. Sie muss ihn nur regelmäßig einen Schwächling nennen, während er sich auf eine subtile Strategie verlegt, um mit ihr mithalten zu können: Indem er sich wie ein Schwächling verhält, gibt er ihr das Gefühl, eine schrecklich dominierende Frau zu sein. Dr. Schiff schätzt, dass sich in jeder Sekunde eines Tages in den Büros der Eheberatungsstellen ungefähr 111 200 Paare aufhalten, von denen die Frau vom Berater verlangt, er solle ihren Waschlappen von Ehemann in einen romantischen und interessanten Mann verwandeln, um ihre Ehe zu retten.

Aus der Vielzahl der Möglichkeiten möchte ich kurz noch eine herausgreifen, die das Ingenieursyndrom genannt wird. Man beobachtet es besonders häufig bei Paaren, bei denen der Ehemann in der elektronischen Industrie beschäftigt ist. Bei diesem Arrangement wählt die Frau einen Mann, dessen Fehler ihren eigenen genau entgegengesetzt sind. Er ist logisch, genau, rational und sehr unemotional (außer, wenn sein Computer zusammenbricht). Sie ist liebevoll, emotional, zu plötzlichen Weinkrämpfen fähig und neigt dazu, bei jeder Diskussion eines umstrittenen Themas zu schreien und sich furchtbar aufzuregen. Der Mann hat sie gewählt, weil er eine Frau sucht, die dazu in der Lage ist, Emotionen auszudrücken. Er erwartet von ihr, dass sie diesen Bereich bei ihm verstärkt. Das Ergebnis ist unvermeidbar: Entstehen eheliche Missverständnisse, wird die Frau wild und schreit. Er zieht sich zurück und sagt: „Warum können Frauen nicht rational und vernünftig sein!?“ Ein wenig Mühe auf beiden Seiten genügt, und sie wird ihr Leben lang weinen, während er draußen an seinem Sportwagen bastelt und daran ständig verbessert, was nur verbessert werden kann.

Am besten ist es natürlich, das Eheleid zweifach abzusichern: aus den falschen Gründen zu heiraten und die falsche Person zu wählen. Umgekehrt gilt: Je glücklicher der Anfang eines Paares, desto größerer Genialität bedarf es, um aus der Ehe ein Desaster zu machen.

Wie man sexuell unglücklich wird

Es ist empfehlenswert, schon in den ersten Ehejahren mit den sexuellen Problemen zu beginnen; kümmert man sich in ausreichendem

Maße darum, können sie einen über viele Jahre hinweg begleiten. Die meisten Paare sind in dieser Hinsicht sehr begabt. Oft hört man unvermögende, ungebildete Leute klagen: „Oh, wenn ich doch nur so gebildet wäre wie dieser Mann, dann könnte ich ein genauso sorgenvolles Leben wie er führen!“ Das ist naiv. Jeder hat bei der Aufgabe, eine Ehe voller Sorgen zu schaffen, eine faire Chance. Jeder, der durch die Straßen schlendert und die Kräche in den verschiedensten Häusern mit anhört, kann sich davon überzeugen, dass es hier keine Diskriminierung nach Rasse, Klasse oder Intelligenz gibt. Der einzige Unterschied besteht darin, dass man in einer armen Gegend vom Leid mehr mitbekommt, weil dort mehr Menschen wohnen und die Wände dünner sind.

Der sexuelle Bereich bietet gute Gelegenheiten für ehelichen Kummer, der oft schon am Anfang der Ehe beginnt und bisweilen dazu führt, dass sich die Partner entscheiden, überhaupt keine sexuellen Beziehungen mehr zu haben, vor allem nicht mit dem Ehepartner. Der wichtigste Faktor bei der Schaffung sexueller Probleme ist die Frage der zeitlichen Abstimmung. Sexuelle Erregung und Entspannung sind komplexe physiologische und psychologische Prozesse, die eine gute zeitliche Abstimmung erfordern, so dass eine Behinderung nicht allzu schwer fällt. Als generelle Regel gilt, Sex zur verkehrten Zeit, am falschen Ort, in unpassenden Abständen und in der falschen Art zu praktizieren. Der Anfänger wählt einen dieser Fehler. Der Experte sichert sich den Erfolg, indem er versucht, sie alle im Laufe seiner Ehe einzusetzen. Ein vorbildlicher Ehemann will immer nur dann Sex, wenn seine Frau nicht daran interessiert oder gerade mit etwas anderem beschäftigt ist. Er will Sex mittags auf dem Wohnzimmerteppich, wenn die Kinder zum Essen von der Schule heimkommen, nachts will er Sex alle drei Stunden und in einer Position, in der beide gleichzeitig fernsehen können. Protesten seiner Ehefrau begegnet er mit der ärgerlich vorgebrachten Beschuldigung, sie sei frigide. Eine zu solch einem Mann passende Ehefrau setzt ihm Ähnliches entgegen. Sie kann total gleichgültig sein, oder ihn erregen und dann plötzlich das Interesse verlieren. In einer anderen Situation kann sie immer mehr Sex verlangen, um dann sehr verärgert zu reagieren, wenn er mit der Erfüllung ihrer Wünsche Schwierigkeiten bekommt. Greift er sie wegen ihrer Launenhaftigkeit an, entgegnet sie, sie befände sich gerade vor, in oder nach ihrer Periode.

Eine von vielen Paaren schon jahrelang praktizierte Grundregel besagt, dem Partner nicht zu erklären, was man beim Sex mag oder nicht mag, um ihm dann vorzuwerfen, er oder sie könne einem wirklich keine Freude bereiten. Eine Frau, die nur in einer bestimmten Position zum Orgasmus kommen kann, sollte es auf jeden Fall vermeiden, ihren Mann darüber in Kenntnis zu setzen. Dies bietet ihr Gelegenheit zu lang anhaltender Frustration. Ein Ehemann, der seine Frau am liebsten nackt sieht, sollte immer höflich alle Lichter löschen, um sie nicht zu stören. Zum Thema Vermeidung muss eigentlich nicht viel gesagt werden: Wenn – wie es allgemein üblich ist – einer der Partner lange fernsieht und der andere früh ins Bett geht, steht allabendlich sexuelle Enthaltsamkeit an.

Ehepartner sind im Hinblick auf Sexualität so verletzbar, dass dieser Bereich für Anschuldigungen und Vorwürfe wie geschaffen ist. Besonders Erfolg versprechend ist die Kombination von sexueller Frustration und rechtschaffener Empörung bei einem Paar, das sich gegenseitig in Schutz zu nehmen versucht. Ist der Ehemann in seiner Potenz verunsichert, kann die Frau darauf bestehen, dass sie unfähig sei, Sex zu genießen, womit sie die Schuld für die sexuelle Enthaltsamkeit auf sich nimmt. Anstatt ihr Opfer zu würdigen, ärgert sich der Ehemann über ihre sexuelle Gleichgültigkeit und fühlt sich rechtschaffen empört, weil ihm als Ehemann etwas vorenthalten wird. Das Gegenteil ist ähnlich wirkungsvoll: Der Ehemann schützt die Frau, indem er sich ihr sexuell so nähert, dass sie berechtigterweise protestieren kann. Auch kann er seine eigenen Unzulänglichkeiten in einer Weise betonen, dass die Tatsache, dass sie kühl ist, nicht angesprochen werden muss. Eigentlich könnte man annehmen, dass dieses gegenseitige Sichschützen ein Ausdruck von Freundlichkeit ist. Wie in so vielen anderen Verhaltensweisen steckt jedoch auch im Schutz eine gönnerhafte Schärfe, die in der Regel zu einem erfolgreichen gegenseitigen Unbefriedigtsein führt.

Zahlreiche Umfragen zeigen, dass die meisten Paare im sexuellen Bereich das höchste Maß an Unbefriedigtsein erreichen. Die verschiedenen Techniken müssen hier nicht weiter ausgeführt werden. Jedes Paar hat seine eigenen Lieblingsvariationen, und Neuschöpfungen sind keine Grenzen gesetzt.

Wie man sich richtig streitet

Viele Paare sind allein schon dadurch zu Experten im Streit geworden, weil sie über Jahre hinweg die Gelegenheit hatten, ihre Eltern zu beobachten. Nun ist es jedoch so, dass jede neue Generation ihren eigenen Beitrag dazu leisten möchte, und so wendet man in der Ehe sehr viel Zeit auf, um neue Erfindungen zu entwickeln. Wir beschränken uns an dieser Stelle jedoch darauf, einige Standardvorgehensweisen zu beschreiben, an denen sich der Anfänger orientieren kann.

Streitigkeiten bieten sich gewissermaßen als natürliches Mittel an, um eine Ehe lebendig zu halten. Wichtig ist, dass in einer Art gestritten wird, die nichts verändert. Sollte eine Sache nämlich wirklich bereinigt sein, muss ein neuer Anlass gefunden werden, um beim nächsten Mal wieder etwas zum Streiten zu haben und so fort. Die meisten Paare haben jedoch weder die Energie noch die Phantasie, kontinuierlich neue Streitpunkte zu entwickeln. Daher ist es empfehlenswert, sich auf ein paar ungelöste Probleme zu beschränken und diese während der ganzen langweiligen Ehe hindurch zu bearbeiten. Es gibt zwei Möglichkeiten, einen Streit so zu beenden, dass er immer wiederkehrt; entweder sich zurückzuziehen und zu schmollen oder ihn eskalieren zu lassen, so dass der Streit mit Schock und Verwirrung endet, aber nichts gelöst ist.

Öffentlichere Streitigkeiten erstrecken sich von Gewalt und verbalem Missbrauch bis zu Trotz, Schweigen und Rückzug. Rückzug ist die beste Art, eine Auseinandersetzung so zu beenden, dass sich nichts verändert. Zieht sich das Paar bei jedem Streit schweigend zurück, können schreckliche Dinge viele Jahre lang genährt und erhalten werden. Manchmal besteht das Problem darin, den Rückzug so zu beenden, dass das Paar wieder streiten kann. In extremen Fällen kann es vorkommen, dass die Partner ihre Trotzhaltung erst aufgeben und wieder miteinander zu sprechen beginnen, weil sich das Kind ein Bein gebrochen hat oder ein Erdbeben ausbricht. Viele Dinge können über einen Großteil der Ehezeit hinweg unerledigt bleiben. Den Rekord hält eine Frau, die ihrem Mann die Art vorwarf, wie er bei der Eheschließung „Ja, ich will" gesagt hatte, und die sich aus diesem Grund während ihrer ganzen Ehe weigerte, mit ihm zu reden.

Die andere Möglichkeit, die einem Paar zur Verfügung steht, um einen Streit am Laufen zu halten, ohne dass irgendetwas gelöst wird, ist die Anwendung von Gewalt. Die Annahme, dass nur bestimmte

Leute gewalttätig werden, scheint nicht der Realität zu entsprechen. Es prügeln sich sogar Paare, die Pazifisten und nett zu Tieren sind. Natürlich können Schläge, die Spuren hinterlassen, die öffentliche Aufmerksamkeit auf sich ziehen; daher sollte man mit Gewalt vorsichtig und überlegt umgehen. Am besten fängt man klein an, zum Beispiel mit einem Puff gegen den Arm, um dann die Schläge immer mehr zu verstärken, so dass es eine Sache von Monaten ist, bis die Nasen gebrochen sind. Bei Brutalität ist es wichtig, jedes Mal einen Schritt weiterzugehen: Jeder Zug wird so lange ausprobiert, bis sich das Paar daran gewöhnt hat, ihn anzuwenden. Dann erscheint der nächste Misshandlungsschritt nicht mehr so groß. Das Paar, das in dieser Art eskaliert, wundert sich möglicherweise, wenn die Nachbarn angesichts von Blut und gebrochenen Knochen geschockt sind.

Ein Beispiel mag das verdeutlichen. Es waren einmal: Ein Doktor der Biologie und seine Frau, eine diplomierte Mathematikerin, pflegten sich Samstagnacht immer zu betrinken und zu schlagen. Die Vorstellung, Bildung mache die Menschen friedfertiger, ist eine Illusion; sie eröffnet im Gegenteil sogar neue Wege, die anderen nicht zur Verfügung stehen. Beispielsweise sind solche Leute versiert im Unterrichten, und so bringt dieser Ehemann seiner Frau das Boxen bei. „Das ist ein linker Haken", sagt er und schlägt zu. „Das ist ein rechter Treffer." Sie können auch ihr Wissen über die Anatomie ausnützen, um beim anderen dorthin zu schlagen, wo es am meisten wehtut und man die Folgen am wenigsten sieht. So schlägt ihm die Frau dann in die Nieren. Natürlich beschuldigt in dieser Situation jeder jeden für das, was passiert. Die Frau sagt, ihr Mann sei ein Waschlappen, der sich nach Alkoholkonsum in ein Monster verwandelt. Er sagt, sie würde ihn provozieren, weil sie sich beschwert, er schlüge sie immer „aus heiterem Himmel".

Eines Tages verkündet der Ehemann, er hätte sich entschlossen, die Angewohnheit, seine Frau zu schlagen, aufzugeben. Er schwört, sich nicht mehr zu Gewalthandlungen provozieren zu lassen. An einem folgenden Samstag sagt sie etwas Beleidigendes zu ihm, und er entgegnet, er wolle keinen Streit und verlässt den Raum. Wie er berichtete, folgte sie ihm und fuhr fort, ihn anzuschreien. Er zog sich in die Diele zurück. Sie verfolgte ihn. Er ging ins Schlafzimmer und schloss die Tür. Sie hämmerte gegen die Tür und schrie. Schließlich brach sie die Tür auf und verfluchte ihn. Da schlug er sie „aus heiterem Himmel".

Abhängigkeit von Drogen, Alkohol oder ähnlichen Substanzen macht eheliches Unglück wahrscheinlich, wenn nicht sogar unvermeidbar. Diese Substanzen sollten jedoch nur eingesetzt werden, wenn die Ehepartner in ihren Fähigkeiten eingeschränkt oder alle anderen Versuche fehlgeschlagen sind. Im Grunde ist jeder Ehepartner zu einer „nüchternen Misshandlung" fähig, er muss es nur ernsthaft versuchen.

Folgendes Beispiel verdeutlicht das Risiko, das man eingeht, wenn man das die Ehe belastende Alkoholproblem lösen will und sich an einen Therapeuten wendet: Ein Paar mittleren Alters suchte einen jungen Psychologen auf. Die Frau erklärte, dass der Alkoholkonsum ihres Mannes ihre Ehe ruiniert habe. Sie bezeichnete sich als lebendiges Opfer seiner Sucht. In einer der folgenden Sitzungen brachte der Ehemann den Einwand vor, dass es für ihn einfach sehr schwierig sei, mit dem Trinken aufzuhören; seine Frau sollte das eigentlich verstehen, sie könnte schließlich auch nicht aufhören zu rauchen. Sie erwiderte, das sei etwas grundsätzlich anderes und seine Krankheit sei der Untergang ihrer Ehe. Er sagte: „Ich werde aufhören zu trinken, wenn du aufhörst zu rauchen." „Sei nicht töricht", erwiderte sie. Der Psychologe wies sie darauf hin, dass hier ihre Chance liege. Sie brauchte nur das Rauchen aufzugeben, und er würde nicht mehr trinken. Die Frau hielt einen halbstündigen Vortrag darüber, dass ihr Mann mit dem Trinken nicht aufhören könne. Und überhaupt: Sie habe in ihrem Leben alles für ihn aufgegeben, so dass man von ihr nicht auch noch erwarten könne, auf ihre einzige Freude, das Rauchen, zu verzichten. Nach langen Verhandlungen gelang es dem geschickten Therapeuten, die Frau zu überreden, die Bedingung des Mannes anzunehmen.

Sie verließen das Büro, und als sie in der nächsten Woche wiederkamen, war er nüchtern, und sie rauchte nicht. Doch die Spannung zwischen ihnen war bemerkenswert. Eine harmonische Ehe lag in der Luft. Als das Ehepaar in der folgenden Woche wiederkam, sank der Mann volltrunken in einen Stuhl, und die Frau steckte sich eine Zigarette an. „Was ist passiert?", fragte der Psychologe entsetzt. „Ich erzähl es Ihnen", sagte der Ehemann verwaschen. „Als ich letzte Woche mit meiner Frau die Straße entlangfuhr, sagte sie, geh und hol mir eine Schachtel Zigaretten, wobei sie auf den Spirituosenladen zeigte." Durch gutes Teamwork haben sie ihre unglückliche Ehe gerettet. Der Therapeut gab verzweifelt auf.

Probleme mit Sex, Streit, Gewalt und Abhängigkeiten sind Erfindungen, die man das ganze Eheleben hindurch, von der Teenagerehe bis ins hohe Alter, einsetzen kann. Die unterschiedlichen Stadien der Ehe bieten dazu jedoch unterschiedliche Gelegenheiten.

Schwiegereltern

Fachleute sind der Meinung, ein verheiratetes Paar müsse an seiner Ehe arbeiten. Ist der Anfang nicht schlecht genug verlaufen, müssen sich beide Partner mehr Mühe geben. Normalerweise streitet man im ersten Stadium der Ehe über die Verwandten. Kinder sind noch nicht verfügbar und für romantische Liebhaber ist es noch zu früh. Also konzentriert man sich auf die Schwiegereltern. Dies ist einer der sichersten Wege, um Schwierigkeiten zu bekommen. Ob man in den Ferien zu ihrer oder zu seiner Familie fährt, kann schon einen ganz netten Streit auslösen. Wenn die Eltern dem jungen Paar ein Haus kaufen oder Geld dazu beisteuern, sind diese natürlich verpflichtet, in ihrer Nähe zu bleiben. Mit der Erweiterung der Familienbeziehung wächst garantiert auch die Spannung innerhalb der Ehe. Ohne Einbeziehung der Schwiegereltern wird ein Streit nur selten produktiv verlaufen. Dessen eingedenk sollte die Frau nach Möglichkeit darauf bestehen, dass ihr Ehemann einen Job in der Firma ihres Vaters annimmt. Neue Streitigkeiten entstehen, sobald sich ihr Vater in ihre Ehe einmischt. Jede Klage des Ehemannes über seine Arbeit kann sie als Kritik an ihrer Familie auffassen und behaupten, dass sie finanziell ja nie überleben könnten, wenn ihr Vater den unfähigen Ehemann nicht gerettet hätte.

Auch das Dreiecksverhältnis mit der Schwiegermutter ist in seinen klassischen Variationen einzusetzen. Der kluge Ehemann wird seine Mutter ermutigen, seine Frau darüber zu belehren, wie sie für ihn zu sorgen hat, da sie es schließlich am besten weiß. Beim Bankett des *Vereins Schrecklicher Ehen* wurde neulich einem älteren Paar ein Preis verliehen, das es fertig gebracht hatte, sich 42 Jahre lang wegen der Schwiegermutter zu streiten. Dieses Paar, das über 60 Jahre alt war und erwachsene Kinder hatte, konnte nicht zusammen leben, weil die 92-jährige Mutter der Frau bei einem Streit vor 12 Jahren den Ehemann aus dem Haus geworfen hatte. Diejenigen Paare, die befürchten, dass das Schwiegermutterproblem nicht lange genug anhalten könnte, sollten auf die Langlebigkeit von Eltern vertrauen und sich von unserem Beispiel ermutigen lassen, das zeigt, dass diesem Streit unter Umständen ein ganzes Leben gewidmet werden kann.

Kinder

Man kann den Fortschritt einer Ehe als eine Reihe von Tests betrachten, die zeigen, ob man von diesem Ehegatten ausreichend Unglück bekommen kann oder ob man jemanden anderen wählen muss, sich also scheiden lässt. Für die Paare, die sich wegen nicht ausreichender Unzufriedenheit trennen wollen, erwachsen mit der Ankunft eines Kindes weitere Möglichkeiten.

Man kann das so sehen. Lernt sich ein Paar kennen, denken sie, man kann ja immer auseinander gehen. Sind sie verlobt, können sie denken, wenn es nicht klappt, brauchen wir ja nicht zu heiraten. Am Hochzeitstag mögen sie denken: „Scheidung ist leicht, und wenn es nicht so geht, wie ich will, werde ich mich trennen, auch wenn alle diese Leute zur Hochzeit gekommen sind." Mit einem Kind hat das Paar jedoch eine neue Verantwortung, die sie zwingt, zusammenzubleiben und zu leiden.

Damit bieten sich neue, wundervolle Gelegenheiten zu Streitigkeiten. Natürlich besteht auch das Risiko, dass ein Kind die Ehe verbessert. Die Chancen, dass die Geburt eines Kindes dem Paar Gelegenheit gibt, sich gegenseitig Schwierigkeiten zu machen, stehen jedoch gut. Schon die Frage, ob man ein Kind haben möchte und wo es bleiben soll, wenn es auf der Welt ist, ermöglicht intensives Streiten.

Während der Zeit vor der Geburt gibt es grundsätzlich zwei Wege, die zu ehelichem Stress führen:

a) Die Frau kann ihren Mann ignorieren und sich ständig mit dem Kind in ihr beschäftigen. Kommt der Ehemann von der Arbeit nach Hause und sagt „heute ist mir die wichtigste Sache in meinem Leben passiert", erwidert sie, „das ist nett, mein Lieber. Willst du nicht mal spüren, wie das Baby strampelt?" Auf der anderen Seite kann sich der Ehemann verhalten, als ob überhaupt kein Baby unterwegs sei. Kommt die Frau im 9. Monat erschöpft von der Arbeit nach Hause, beschwert er sich darüber, dass sie ihre Pflichten vernachlässigt und sich einfach nicht mehr so um den Haushalt kümmert wie früher.

b) Die Schwangerschaft seiner Frau bietet dem Ehemann noch eine weitere Gelegenheit, das eheliche Elend zu vergrößern. In dieser Zeit ist die Frau leicht verletzbar, weil sie sich so plump, unbeholfen und unattraktiv fühlt. Diesen Moment sollte der Ehemann ergreifen, um abzuhauen und die Freuden des Lebens zu genießen. Er kann mit anderen Frauen verschwinden, sich bis zum Umfallen betrinken, aus dem Haus laufen, wenn sie ihn am meisten braucht und seinen Beitrag zur Geburt leisten, indem er nicht anwesend ist. Kommt sie in Heidelberg nieder, ist er gerade auf einer Sauftour in St. Pauli. Nimmt er so an den Geburtswehen teil, legt das den Grundstein für jahrelange Bitterkeit der Ehepartnerin.

Diese wenigen Hinweise zeigen, wie ein Baby zur Förderung des ehelichen Kummers genutzt werden kann, lange bevor es selbst sprechen oder Schwierigkeiten machen kann.

Aber welche Zwistigkeiten sind nach der Geburt möglich, wenn das Baby ein glückliches ist und keines, welches ständig schreit? Ein glückliches Baby gibt den Eltern nicht nur die Chance, sich an ihm zu erfreuen und sich dafür gegenseitig zu ignorieren, sondern auch darüber zu streiten, wem es gehört. Nun ist aber auch der Zeitpunkt gekommen, an dem die Schwiegereltern erneut auf den Plan treten, womit sich viele Gelegenheiten bieten, alte Konflikte wiederzubeleben. Wunderbarerweise hat das Kind vier Großeltern, wodurch die früheren Schwiegerelternstreitereien wieder reaktiviert werden. Großeltern sind besonders hilfreich, wenn sie sich nicht nur mit der Kindererziehung befassen, sondern auch zur Vaterschaft Fragen aufwerfen.

Da es so viele Möglichkeiten gibt, über Kinder zu streiten, wurde dafür eine eigene Therapieform, die Kindertherapie, geschaffen. Um die Art der Kämpfe aufzulisten, bräuchten wir ein 200 Seiten langes Verzeichnis. Sie lassen sich in zwei Gruppen einteilen: Ehestreitigkeiten, die der Kinder wegen entstehen, und Streitigkeiten, in denen die Kinder nur benutzt werden.

Wie man die Kinder bei Ehekonflikten einsetzt, lernen die meisten Paare schnell. Ärgert sich eine Frau über die gönnerhafte Art, mit der ihr Mann sie als Frau behandelt, kann sie sich mit ihm über das Recht ihrer Tochter, Jungen gegenüber gleichberechtigt zu sein, streiten. Sollte sich der Ehemann über die schlampige Haushaltsführung seiner Frau ärgern, könnte er einen Wutanfall bekommen, weil die Tochter ihr Zimmer nie sauber macht. Die Frau, die ihren Mann gerne zum Verstummen bringen möchte, kann vorschlagen, den Sohn, der ihm so ähnlich ist, daraufhin testen zu lassen, ob er nicht behindert ist.

Trennungen werden um so unwahrscheinlicher, je mehr Kinder es gibt, die man für die Schwierigkeiten in der Ehe verantwortlich machen kann. Ein kinderloses Ehepaar muss sich da weit mehr einschränken. Wie schrecklich eine Ehe auch sein mag, das Elternpaar kann den Grund dafür immer in diesem schwierigen Kind sehen, dass sie ständig so nervös macht. Oder sie können die übliche Entschuldigung anbringen: „Dieses schreckliche Wesen ist schuld, dass wir unsere Streitigkeiten aushalten und unglücklich zusammenbleiben müssen."

Affären

Sind die Kinder groß, mit der Schule beschäftigt oder in die Suche nach eigenen Schwierigkeiten verwickelt, muss sich ein Paar nach anderen Quellen umsehen. Einen der zuverlässigsten Anlässe für Eheprobleme bietet zu diesem Zeitpunkt nach wie vor das Verhältnis. Ähnlich einer Pyramide, die aufgrund ihrer Dreieckskonstruktion solide ist, kann man eine Ehe stabil unglücklich halten, indem man sich auf eine romantische Affäre einlässt.

Will man in der Ehe Bitterkeit erzeugen, muss man eine Affäre eingehen, die den Ehepartner in Aufregung versetzt. Es gibt die unterschiedlichsten Arten von Affären, die dies bewirken können. Sie lassen sich in unbedeutende verwirrende und geheimnisvolle einteilen:

a) *Eine unbedeutende Affäre* ist die mit dem besten Freund (oder, im Extremfall, mit einem Elternteil) des Partners. Sie vermag die größte Empörung in der Ehe auszulösen. Kürzlich wurde der Affären-Preis einer Frau überreicht, die es fertig gebracht hatte, ausnahmslos mit jedem unverheirateten Freund ihres Mannes eine Affäre zu haben. Dies isolierte ihren Mann prächtig von seinen Freunden und ließ ihn dem Leben gegenüber verbittert zurück.

Eine Variation der unbedeutenden Affäre besteht darin, eine Person auszusuchen, die so ist, wie der Ehepartner früher war. Ein Ehemann wählt dazu den Augenblick, an dem seine Frau sich älter fühlt und darüber verzweifelt ist. Nun beginnt er eine Affäre mit einer hübschen 20-jährigen, die aussieht wie seine Ehefrau 20 Jahre früher. Die allgemeine Regel für die unbedeutende Affäre lautet: „Wen wähle ich, um meinen Ehepartner bis an die Grenze der Trennung zu reizen?“ Wird diese Regel befolgt, steht einer schrecklichen Ehe nichts mehr im Wege.

b) Die *verwirrende Affäre* empfiehlt sich besonders dann, wenn man einen allzu sicheren Partner hat. Im Wesentlichen geht es hier darum, etwas gänzlich Unerwartetes zu tun. Beispielsweise kann der Ehemann einer Frau, die Mode und Vornehmheit betont, eine Affäre mit einer dicken, schäbigen, ungebildeten Frau beginnen und dies auch offen den Freunden seiner Frau zeigen. Eine ehrenhafte, intellektuelle Frau kann sich auf eine Affäre mit einem 80-jährigen oder dem 16-jährigen Motorrad fahrenden Freund ihrer Tochter einlassen. Im Extremfall wählt der Ehemann für die Affäre einen jungen Mann aus. Das wird die Frau verwirren und sie daran zweifeln lassen, mit wem sie 23 Jahre lang zusammengelebt hat.

Der Vorteil einer verwirrenden Affäre ist, dass sie ein schlechtes Gewissen erzeugt, aber auch Unsicherheit hervorruft, so dass der Ehepartner zögert und nicht weiß, ob er einen Psychiater empfehlen oder wilde Rache schwören soll.

c) Die *geheimnisvolle Affäre* vermag eine Ehe unglücklich zu machen, ohne dass man sich dazu in das Bett einer anderen Person begeben muss. Es genügt, wenn der Ehepartner die Affäre lediglich vermutet. Um Verdacht zu erwecken, eignet sich eine merkwürdige Antwort bei einem Telefongespräch, eine am Waschbecken liegen gelassene Telefonnummer, eine unerklärte Abwesenheit nach der Arbeit, eine Nichtanwesenheit dort, wo man eigentlich sein sollte – all diese Verfahrensweisen zum Vertuschen einer wirklichen Affäre werden ohne eine solche durchgeführt. Wird man damit konfrontiert, muss man natürlich alles heftig leugnen. Geheimnisvolle Affären dieser Art sind bekanntlich jahrelang durchführbar und können eine Ehe mit der Zeit wie Rost zerfressen.

Vor einiger Zeit wurde der Fall eines Mannes bekannt, der aus dem Krieg zurückkam. Seine Frau freute sich sehr, ihn wiederzusehen. Als sie auf der Couch zusammensaßen, umarmte sie ihn. Zwei Jahre lang hatten sie sich nicht gesehen. Als sie gerade miteinander schlafen wollten, sagte der Mann: „Warte. Ich muss dir ein Geständnis machen. Als ich weg war, bin ich mit einer Frau Essen gegangen." Die Frau sagte: „Das macht doch nichts", und wandte sich ihm wieder zu. Doch dann hielt sie inne und sagte: „Wenn es nur ein Mittagessen war, begreife ich nicht, warum du mir das ausgerechnet jetzt sagst?" Ein Streit begann, der 24 Jahre lang andauerte. Er hatte es fertig gebracht, dass sie nun ständig herauszubringen versuchte, was bei diesem Mittagessen geschehen war. Natürlich musste er ihren Verdacht in Abständen verstärken. Erlahmte ihre Aufmerksamkeit, ließ er den Namen einer Frau auf einem Stück Papier in seinem Schreibtisch im Büro zurück, da er wusste, dass seine Frau die Schubladen durchsuchte. In dem darauf folgenden Streit kam dann unweigerlich jenes Mittagessen vor vielen Jahren wieder zur Sprache. Nicht jedem gelingt es, seine Ehe so schrecklich zu machen und den Partner mit so geringer Anstrengung auf die Palme zu bringen. Dieser Mann hat eine Norm gesetzt, die wir alle nur bewundern können.

Natürlich gibt es Diskussionen darüber, ob eine geheimnisvolle Affäre ebenso geeignet ist wie eine tatsächliche. Besonders geschickte Ehepartner können beides haben: Eine reale Affäre wird durch die Inszenierung einer geheimnisvollen Affäre verdeckt und der Partner damit in die falsche Richtung gelenkt. Eine tatsächliche Affäre hat jedoch den Vorteil, dass sie schrecklich sein kann. Damit kann der Mensch beides haben, eine schreckliche Ehe und eine romantische schreckliche Affäre, zwei Unglücke auf einmal. Zu erinnern ist in diesem Zusammenhang an den Fall jenes Mannes mit Frau und Kindern und einer Geliebten, die ebenfalls ein Kind von ihm hatte und praktisch die Stellung einer zweiten Ehefrau einnahm. Abend für Abend bekam er zwei Essen und litt unter dem Streit mit beiden Frauen.

Erfolgreicher Ehestreit im Alter

Wie lässt sich das eheliche Elend aufrechterhalten, wenn die Kinder aus dem Haus sind und man zu alt fürs Fremdgehen ist? Junge Leute glauben meist nicht, dass eheliches Unglück bis ins hohe Alter gepflegt werden kann. Was für ein Irrtum! Jedes verheiratete Paar hat sich im Lauf der Jahre so an das Streiten gewöhnt, dass schon ein paar Zeichen genügen, um die bittersten Gefühle hervorzurufen. Beobachten wir beispielsweise ein junges Paar zu Beginn ihrer Ehe beim Einkaufen. Der Ehemann nimmt etwas aus dem Regal heraus und sagt: „Das wäre nett. Ich hab in *Test* gelesen, dass das das Beste ist." Die Ehefrau erwidert: „Ich glaube nicht, dass das gut ist; lassen wir das lieber und verschwenden unser Geld nicht an Dinge, über die du in dieser dummen Zeitschrift gelesen hast." Der Ehemann sagt: „Das ist keine dumme Zeitschrift, und ich will das haben, und du wirst das nicht verhindern, und im Übrigen bin ich derjenige, der das meiste Geld nach Hause bringt." Die Ehefrau erwidert: „Ich bin sicher, du denkst, du weißt alles am besten, und ich will einen Besen fressen, wenn ich dieses Ding nicht schon zu Hause habe, also gib es mir, ich leg es wieder zurück." Dieser komplexe Austausch verändert sich im Laufe von 42 Ehejahren spürbar. Der Ehemann sagt: „Das?", und hält das „Ding" hoch. Die Frau erwidert: „Nein!" Der Mann sagt: „Doch!" Die Frau nimmt es ihm aus der Hand und legt es ins Regal zurück. Diese wenigen Worte genügen, um all die schlechten Gefühle, mit denen die langen Streitereien in der Jugend normalerweise verbunden waren, wieder lebendig werden zu lassen. Hat ein Paar den gleichen Streit nur oft genug durchgestanden, läuft er irgendwann wie von selbst ab. Viele ältere Paare sitzen nebeneinander in den Rollstühlen, und wenn sie nicht mehr die Kraft haben, sich zu schlagen, reicht ein Codewort, und all die früheren schlimmen Gefühle sind wieder da, ohne dass sie sich eigens streiten müssten. Das Alter ist also keine Strafe, sondern eine Zeit, in der man durchaus eine schreckliche Ehe führen kann, selbst wenn die Kraft nur noch zu minimalen Bewegungen ausreicht. Geradezu paradiesische Zustände erwarten jedoch diejenigen, die im Alter bei ihren Verwandten unterkommen, wo sich ihnen ungeahnte Möglichkeiten bieten, in die laufenden Streitigkeiten einzugreifen und neue vom Zaun zu brechen.

Die Kunst der Psychoanalyse

Eine ganze Reihe wissenschaftlicher Untersuchungen hat sich bislang mit der Frage der unbewussten Prozesse sowie der diesbezüglichen Vorstellungen Freuds beschäftigt. Was in der psychoanalytischen Behandlung passiert, wurde dagegen kaum untersucht. Glücklicherweise fand sich ein Geisteswissenschaftler der Fakultät des *Potters College* in *Yeovil*, England, dazu bereit, diese missliche Situation zu beenden. Der unbekannte Forscher wurde für einige Jahre nach Amerika geschickt, um dort die Kunst der Psychoanalyse sowohl in der Rolle des Patienten als auch in der des Analytikers zu studieren. Seine Forschungsergebnisse legte er in einem drei Bände umfassenden Bericht nieder, der den Titel trägt: *Die Kunst der Psychoanalyse oder Aspekte einer Zwei-Personen-Interaktion unter besonderer Berücksichtigung des Überlegenheitsprinzips.* Wie die meisten der für das *Potters College* angefertigten Studien wurde auch diese nicht veröffentlicht. Ein Exemplar gelangte jedoch in die Hände des Autors, der an dieser Stelle die Forschungsergebnisse für diejenigen zusammenfasst, die das dynamische Wachstum der Freud'schen Theorie fördern und die Technik dieser schwierigen Kunst verfeinern möchten.

Eine umfassende Definition des Begriffs „Überlegenheit" würde ein ganzes Buch füllen. Wir verstehen darunter kurz gesagt die Kunst, einen anderen Menschen unterlegen zu machen. Mit „Unterlegenheit" wird in der Fachsprache der psychologische Status einer Person bezeichnet, die einem anderen Menschen nicht überlegen ist. Unter Überlegenheit versteht man den psychologischen Status einer nicht unterlegenen Person. Übersetzt man diese Begriffe in die Alltagssprache (auch auf die Gefahr hin, nicht mehr wissenschaftlich exakt zu sein), so kann man sagen, dass ein Mensch immer versuchen wird, einer anderen Person gegenüber in eine „überlegene" Position zu kommen. „Überlegene Position" bezieht sich nicht zwangsläufig auf die soziale Position oder den ökonomischen Status; viele Arbeitnehmer sind darin wahre Meister, ihre Arbeitgeber in eine unterlegene Position zu bringen. Dass damit auch nicht intellektuelle Überlegenheit gemeint ist, weiß jeder Intellektuelle, der schon einmal von einem Muskelmann in die unterlegene Position gebracht wurde. „Überlegene Position" ist ein relativer Begriff, der vor dem Hintergrund der jeweiligen Beziehung immer wieder neu definiert werden muss. So gibt es grobe, aber auch sehr subtile Tricks, um eine überlegene Position zu erreichen. Beispielsweise ist man nicht unbedingt in einer überlegenen Position, wenn man jemanden um etwas bitten muss. Jedoch kann man in einer Art und Weise bitten, die suggeriert: „Das bist du mir selbstverständlich schuldig." Damit ist angedeutet, dass es unzählige Arten gibt, sich in eine überlegene Position zu bringen. Wir wollen uns hier jedoch auf das Feld der psychoanalytischen Techniken beschränken, wie sie in der erwähnten dreibändigen Studie beschrieben werden.

Nach Potter ist die Psychoanalyse ein dynamischer psychologischer Prozess, an dem zwei Menschen, ein Patient und ein Psychoanalytiker, beteiligt sind. Während der Patient alles daran setzt, dem Analytiker überlegen zu sein, versucht dieser verzweifelt, ihn in eine Position der Unterlegenheit zu bringen. Der Analytiker besteht darauf, dass der Patient unterlegen bleibt, um ihm zu helfen, überlegen zu werden. Ziel der Behandlung ist die friedliche Trennung zwischen Analytiker und Patient.

Das psychoanalytische Setting macht die überlegene Position des Analytikers fast unangreifbar. Es beginnt schon damit, dass der Patient den Analytiker um Hilfe bitten muss, womit er von Anfang an seine unterlegene Position anerkennt. Diese Position verstärkt sich dadurch, dass er den Analytiker bezahlt. Es gab allerdings schon Analytiker, die diesen Vorteil leichtfertig aufs Spiel setzten und ihre Patienten umsonst behandelten. Das machte die analytische Position schwierig, denn der Patient wurde nicht regelmäßig (am Zahltag) daran erinnert, ein Opfer zu bringen und damit die überlegene Rolle des Analytikers anzuerkennen – unter Umständen bevor überhaupt ein Wort gesprochen worden war. Es wäre wirklich ein Wunder, wenn ein Patient, der sich dem Analytiker gegenüber von Anfang an in einer derart schwachen Position befindet, diesem jemals überlegen sein könnte. In persönlichen Gesprächen geben Analytiker jedoch bisweilen zähneknirschend zu, dass manche Patienten extrem gewandt sind und so viele „Tricks" einsetzen, dass ein Analytiker sehr geschickt sein muss, um in der überlegenen Position zu bleiben.

Wir wollen hier keinen Überblick über die Geschichte der Psychoanalyse geben. Eines ist jedoch bemerkenswert: Schon zu einem relativ frühen Zeitpunkt zeichnete sich ab, dass der Analytiker, wollte er seinen Patienten überlegen bleiben, Unterstützung vom Setting benötigte. Anfänglich war die Couch sehr hilfreich, auf die sich der Patient legen muss. (Wie die meisten Tricks in der Psychoanalyse wird auch dieser Freud zugeschrieben.) Legt der Analytiker den Patienten auf die Couch, gibt er ihm das Gefühl, seine Füße hingen in der Luft, während seine eigenen fest auf dem Boden stehen. Der Patient ist beunruhigt, dass er während des Sprechens liegen soll. Er befindet sich damit unterhalb des Analytikers. Das betont seine Unterlegenheitsposition schon von der Lage her. Dazu kommt, dass sich der Analytiker hinter die Couch setzt, von wo aus er den Patienten sehen kann, von diesem aber nicht gesehen wird. Das verursacht im Patienten dieses unbehagliche Gefühl, das ein Mensch hat, der blind mit einem Gegner kämpft. Da er die Reaktion auf seine Tricks nicht sehen kann, ist er unsicher, wann er überlegen und wann er unterlegen ist. Manche Patienten versuchen dieses Problem zu lösen, indem sie beispielsweise sagen: „Letzte Nacht habe ich mit meiner Schwester geschlafen", und sich daraufhin plötzlich umdrehen, um zu sehen, wie der Analytiker reagiert. Diese Schock-Tricks sind in der Regel wenig effektiv. Der Analytiker mag zusammenzucken, aber bis der Patient sich ganz herumgedreht hat und ihn sieht, bleibt ihm genügend Zeit, sich wieder zu fangen. Die meisten Analytiker haben im Laufe ihrer Berufstätigkeit Techniken entwickelt, wie sie sich bei sich umdrehenden Patienten verhalten können: Sie starren in die Luft, spielen mit einem Stift, flechten Schnürchen oder beobachten tropische Fische im Aquarium. Grundsätzlich gilt: Sollte ein Patient doch einmal Gelegenheit haben, den Analytiker zu beobachten, ist es wichtig, dass er lediglich ein unbewegtes Verhalten zu sehen bekommt.

Die Position hinter der Couch dient noch einem anderen Zweck. Da der Patient keine anderen Anhaltspunkte hat, wie er auf den Analytiker wirkt, erhalten dessen Aussagen zwangsläufig ein besonders großes Gewicht. Der Patient hängt gewissermaßen an jedem seiner Worte und befindet sich damit auch in dieser Hinsicht in einer unterlegenen Position.

Die wahrscheinlich mächtigste Waffe, über die der Analytiker verfügt, ist das Schweigen. Das Prinzip ist einfach und beruht darauf, dass man einen Wettkampf mit einem hilflosen Gegner nicht gewinnen kann. Da kein Angriff zurückgegeben wird, kann man sich nur schuldig fühlen, geschlagen zu haben, während man gleichzeitig den unbehaglichen Verdacht hegt, dass die Hilflosigkeit einkalkuliert sein könnte. Das Ergebnis ist unterdrückte Wut und Verzweiflung – zwei Gefühle, die die unterlegene Position charakterisieren. Für den Patienten stellt sich das Problem, wie er mit einem Menschen fertig werden soll, der nicht reagiert und sich weigert, mit ihm in einer fairen und offenen Begegnung um die überlegene Position zu kämpfen. Natürlich finden Patienten Lösungen, aber bis es so weit ist, dass sie Reaktionen ihres Analytikers erzwingen, vergehen Monate, normalerweise Jahre intensiver Analyse. Gewöhnlich beginnt der Patient ziemlich grob, indem er beispielsweise sagt: „Manchmal denke ich, Sie sind ein Idiot." Er wartet darauf, dass der Analytiker sich verteidigt und so den Schritt nach unten tut. Stattdessen reagiert dieser mit dem „Schweige-Trick". Der Patient geht weiter und sagt: „Ich bin sicher, dass Sie ein Idiot sind." Wieder Schweigen. Verzweifelt sagt der Patient: „Ich sagte, Sie sind ein Idiot, verdammt, und Sie sind wirklich einer." Wieder nur Schweigen. Was anderes bleibt dem Patienten, als sich zu entschuldigen und damit wieder eine unterlegene Position einzunehmen. Wenn der Patient entdeckt, wie effektiv der Schweige-Trick ist, versucht er, ihn für sich zu nutzen. Das endet spätestens dann, wenn er sich vergegenwärtigt, dass er, auch wenn er stumm auf der Couch liegt, dem Analytiker jedes Mal viel Geld bezahlen muss. Das psychoanalytische Setting ist, mit anderen Worten, so eingerichtet, dass es Patienten davon abhält, die Tricks der Analytiker, durch die sie einen gleichwertigen Zustand erreichen könnten, zu benutzen (obgleich der Patient in der Behandlung durchaus lernt, sie bei anderen Menschen einzusetzen).

An Freuds brillantem Setting wurde nur wenig verändert. So wie Zimmerleute das Grundkonzept eines Hammers noch nicht verbessern konnten, ist es auch Psychoanalytikern bislang nicht gelungen, Prinzipien wie die Freiwilligkeit des Patienten, die stündlichen Zahlungen, die Position hinter der Couch und das Schweigen durch bessere zu ersetzen.

Die zahlreichen Möglichkeiten, die dem Psychoanalytiker im Umgang mit seinem Patienten zur Verfügung stehen, können wir natürlich hier nicht alle aufführen. Ein paar allgemeine Grundsätze wollen wir jedoch erwähnen. Zu Beginn der Psychoanalyse benützen alle Patienten Tricks (so genannte neurotische Muster), die sie in früheren Beziehungen in die überlegene Position gebracht haben. Der Analytiker macht sich daran, diese Taktiken zu zerstören. Am einfachsten gelingt das, wenn er auf die Patientenäußerungen unangemessen reagiert. Dies lässt dann den Patienten an allem zweifeln, was er bisher in Beziehungen zu anderen Menschen gelernt hat. Beispielsweise sagt der Patient „jeder sollte echt sein" und hofft, dass ihm der Analytiker zustimmt und damit seiner Spur folgt. Derjenige, der einem anderen folgt, ist unterlegen. Der Analytiker reagiert vielleicht mit Schweigen, was in diesem Fall allerdings als ziemlich schwacher Trick angesehen werden muss, oder er könnte sagen: „Oh?" Das „Oh" in der richtigen Betonung bedeutet dann in etwa: „Wie um Himmels Willen sind Sie nur auf eine solche Idee gekommen?" Das lässt den Patienten nicht nur an seiner Aussage zweifeln, sondern er überlegt, was der Analytiker wohl mit „Oh" gemeint haben könnte. Zweifel ist der erste Schritt zu einem Unterlegenheitsgefühl. Der Patient ist dann versucht, sich an den Analytiker anzulehnen, um den Zweifel aufzulösen; wir lehnen uns an die an, die über uns stehen. Schon zu einem frühen Zeitpunkt der Analyse werden analytische Taktiken eingesetzt, die für Zweifel im Patienten sorgen sollen. Der Analytiker könnte beispielsweise sagen: „Ich überlege mir, ob Sie das *wirklich* fühlen." Der Einsatz von „wirklich" ist eine der Säulen der psychoanalytischen Praxis. Mit ihm wird unterstellt, dass der Patient Motivationen hat, die er nicht kennt (deren er sich nicht bewusst ist). Jeder fühlt sich erschüttert und daher unterlegen, sobald ihm dieser Verdacht einmal eingepflanzt wurde. Das Erwecken von Zweifeln gehört zu den ältesten Tricks der Psychoanalyse und wird oft als ihr Kern bezeichnet. Wird diese Technik richtig angewandt, lässt sich der Patient dadurch garantiert verunsichern. Zu einem frühen Zeitpunkt der Analyse deutet der Analytiker dem Patienten an, dass in ihm (dem Patienten) unbewusste Prozesse ablaufen und dass er sich täuscht, wenn er meint, er wisse wirklich, was er sagt. Akzeptiert der Patient diese Idee, kann er sich nur noch auf den Analytiker verlassen, damit dieser ihm sagt (oder, wie man es nennt, „hilft zu entdecken"), was er wirklich meint. So gräbt er sich immer tiefer in die unterlegene Position. Beschreibt der Patient beispielsweise fröhlich ein paar schöne Stunden mit seiner Freundin und hofft, damit Eifersucht im Analytiker zu wecken (eine unterlegene Position), so lautet die passende Antwort des Analytikers: „Ich überlege mir, was das Mädchen *wirklich* für Sie bedeutet." Das führt zu Zweifeln beim Patienten, ob er nun mit dem Mädchen Susi oder mit einem Symbol geschlafen hat. Zwangsläufig wendet er sich dann wieder an den Analytiker, damit dieser ihm hilft zu erkennen, was ihm Susi wirklich bedeutet.

Regelmäßig im Laufe einer Analyse und besonders, wenn der Patient widerspenstig wird (also die „Widerstandstricks" benutzt), schwenkt der Analytiker zu freien Assoziationen und Träumen über. Nun muss ein Mensch fühlen, über was er spricht, um in einer überlegenen Position zu sein. Freie Assoziationen oder das Erzählen von Träumen sind dazu nicht unbedingt geeignet. Zwangsläufig werden die absurdesten Aussagen gemacht. Gleichzeitig deutet der Analytiker an, dass diese Absurditäten Bedeutungen haben. Nicht nur das empfindet der Patient als lächerlich, sondern auch, dass er Dinge sagt, die zwar dem Analytiker bedeutungsvoll erscheinen, ihm aber nicht. Solch eine Erfahrung schockiert jeden und treibt einen Patienten unweigerlich in die unterlegene Position. Wenn der Patient freie Assoziationen ablehnt oder sich weigert, seine Träume zu erzählen, erinnert ihn der Analytiker natürlich daran, dass er sich mit seinem Widerstand selbst bekämpft.

Interpretationen des Widerstands gehören zu den besonders heimtückischen Tricks. Alle Versuche, den Analytiker in eine unterlegene Position zu bringen, können – besonders wenn sie erfolgreich sind – als Widerstände gegen die Behandlung gedeutet werden. Der Patient soll es als eigenen Fehler empfinden, wenn die Therapie nicht weitergeht. Der geschickte Analytiker bereitet den Patienten bereits im ersten Gespräch sorgfältig darauf vor, dass der Pfad des Glücks schwierig zu begehen ist, dass er zeitweise Widerstände gegen seine Besserung spüren und sich gegen die Hilfe des Analytikers sträuben wird. Vor diesem Hintergrund entschuldigt er auch Zahlungsverweigerungen oder ein Beendenwollen der Analyse seitens des Patienten und hilft sich mit der Interpretation des Widerstandes. Gelegentlich lässt der Analytiker den Patienten die unterlegene Position auf sanfte Weise wieder einnehmen, indem er seinen Widerstand als Zeichen des Fortschritts und der Veränderung deutet.

Haben die Patienten erst einmal etwas Zuversicht geschöpft, besteht die Hauptschwierigkeit nun meist in ihrem Beharren, mit dem Analytiker direkt umgehen zu wollen. Für den Fall, dass der Patient beginnt, den Analytiker kritisch anzusehen und mit einer offenen Begegnung droht, gibt es einige „Ablenkungstricks". Der geläufigste ist der „Konzentriere-dich-auf-die-Vergangenheit-Trick". Will der Patient darüber diskutieren, warum der Analytiker sich weigert, auf ihn zu reagieren, sagt der Analytiker: „Ich überlege mir, ob Sie dieses Gefühl kennen. Haben Ihre Eltern vielleicht nicht reagiert?" Bald sind sie eifrig dabei, die Kindheit des Patienten zu diskutieren, ohne dass dieser merkt, dass das Subjekt gewechselt hat.

Die wenigen und einfachen Regeln, denen der junge Analytiker zu folgen hat, lernt er in seiner Ausbildung. Die erste besagt, dass das Unterlegenheitsgefühl des Patienten gewährleistet sein muss, wenn man ihn spielerisch zu der Hoffnung aufstachelt, er könne überlegen werden (das nennt man „Übertragung"). Zweitens darf sich der Analytiker niemals unterlegen fühlen (das bezeichnet man als „Gegenübertragung"). Die Selbstanalyse soll dem jungen Analytiker helfen, sich in eine unterlegene Position einzufühlen. Indem er sich wie ein Patient verhält, erfährt er, wie man sich fühlt, wenn man sich selbst durch und durch in der unterlegenen Position befindet und mit Tricks konfrontiert wird, die von Fachleuten ausgeklügelt wurden.

Auch wenn nach acht oder neun Jahren Eigenanalyse die weniger effektiven Tricks des Analytikers im Allgemeinen verschwunden sind, kann es immer noch vorkommen, dass er seinen Patienten gegenüber gelegentlich in eine untergeordnete Position gerät. Trotz der brillanten Struktur der analytischen Festung und der Fülle an Tricks, die man gelernt hat, lässt sich dies nicht gänzlich vermeiden. In der Ausbildung wird großer Wert auf die Frage gelegt, wie man möglichst schnell aus der unterlegenen Position herauskommt, sollte man sich einmal in dieser Situation befinden. Der normale Trick besteht darin, diese Position „freiwillig" zu akzeptieren. Findet der Analytiker den Patienten überlegen, kann er sagen: „Diesmal haben *Sie* den Punkt gemacht" oder: „Ich muss zugeben, ich habe einen Fehler gemacht." Der mutigere Analytiker sagt: „Ich überlege gerade, warum ich ein bisschen Angst bekam, als Sie das sagten." Beachten Sie bitte, dass in allen diesen Äußerungen der Analytiker sich nur scheinbar in der unterlegenen, und der Patient in der überlegenen Position befindet, denn ein unterlegenes Verhalten erfordert eine verteidigende Reaktion. Indem der Analytiker seine unterlegene Position bewusst anerkennt, behält er seine überlegene Position bei, und der Patient muss feststellen, dass ein schlauer Trick durch einen „Hilflos-Trick" oder einen „Verweigere-den-Kampf-Trick" übertroffen wurde. Manchmal kann der „Akzeptier-Trick" nicht angewandt werden, weil der Analytiker in dieser Hinsicht zu empfindlich ist. Sollte ein Patient entdecken, dass sein Analytiker unruhig wird, wenn er über homosexuelle Phantasien spricht, kann er das rasch ausnützen. Ein Analytiker, der solche Kommentare persönlich nimmt, ist verloren. Seine einzige Überlebenschance besteht darin, schon im Diagnostikgespräch diejenigen Patienten zu erkennen, die möglicherweise seine schwachen Stellen entdecken und ausnützen könnten und sie an einen Analytiker mit anderen Schwächen zu überweisen.

Die meisten verzweifelten Tricks der Patienten werden in der analytischen Ausbildung berücksichtigt. Manche Patienten sind zeitweise so darauf versessen, dem Analytiker überlegen zu sein, dass sie auch auf den „Suizid-Trick" kommen. Droht ein Patient mit Selbstmord, leiden viele Analytiker plötzlich an einem Unterlegenheitsgefühl. Sie haben schon die Zeitungsüberschriften vor Augen und hören bereits ihre Kollegen voller Schadenfreude über die Patienten sprechen, die ihnen überlegen waren, indem sie von der Brücke sprangen. Normalerweise wird dieser Trick verhindert, indem man es nicht persönlich nimmt. Der Analytiker sagt dann: „Tja, es täte mir leid, wenn Sie sich Ihr Gehirn aus dem Kopf jagen, aber ich würde mit meiner Arbeit fortfahren." Sobald der Patient merkt, dass sogar Selbstmord ihn diesem Menschen gegenüber nicht in eine überlegene Position bringen wird, gibt er seinen Plan in der Regel auf.

Die orthodoxen psychoanalytischen Tricks lassen sich besser erkennen, wenn man sie mit den eher unorthodoxen Verfahrensweisen vergleicht. Da gibt es beispielsweise das Roger'sche Tricksystem, bei dem der Therapeut hauptsächlich das wiedergibt, was der Patient sagt. Das ist ein System, das zwangsläufig gewinnt. Niemand kann sich über jemanden stellen, der nur zurückgibt, was der andere sagt. Beschwert sich der Patient beim Therapeuten, dass dieser ihm nicht hilft, erwidert der Therapeut: „Sie empfinden, dass ich Ihnen nicht helfe." Der Patient sagt: „Das stimmt, Sie sind keinen Pfifferling wert." Der Therapeut sagt: „Sie haben das Gefühl, ich bin keinen Pfifferling wert." Dieser Trick verhindert, effektiver noch als der orthodoxe „Schweige-Trick", jegliches triumphale Gefühl im Patienten und gibt ihm nach einer gewissen Zeit das Gefühl, ein bisschen dumm zu sein (ein Unterlegenheitsgefühl). Die meisten orthodoxen Analytiker halten die Roger'schen Tricks nicht nur für schwach, sondern nehmen sie auch nicht ganz ernst, da sie dem Patienten keine faire Chance geben.

Die Ethik der Psychoanalyse besagt, dass der Patient zum Schluss eine angemessene faire Chance erhalten sollte. Man verachtet Tricks, die den Patienten einfach zerstören. Analytiker, die sie anwenden, gelten als Menschen, die selbst noch eine Analyse brauchen, um mehr legitime Tricks zu lernen und Vertrauen in ihren Gebrauch zu bekommen. So sieht man es beispielsweise nicht als richtig an, den Patienten erst zu ermutigen, über etwas zu diskutieren, wenn er es dann aber tut, das Interesse daran zu verlieren. Das macht zwar den Patienten unterlegen, doch ist es ein unbrauchbarer Trick, da man damit keine Überlegenheit gewinnt. Geht aber ein Patient so vor, ist ein solches Verhalten geradezu notwendig.

Die konventionellen psychoanalytischen Tricks haben aber auch ihre Grenzen. Der Psychotische zum Beispiel demonstriert ständig, dass er den konventionellen Tricks überlegen ist. Er geht nicht freiwillig in die Analyse. Er hat kein besonderes Interesse an Geld. Er würde nie ruhig auf der Couch liegen, hinter sich den zuhörenden Analytiker. Die Struktur der analytischen Situation scheint den Psychotiker zu irritieren. Werden konventionelle Tricks gegen ihn angewandt, kommt er in einen Zustand, in dem er das Büro auseinander zu nehmen und den Analytiker in die Genitalien zu treten droht (das nennt man dann Unfähigkeit, eine Übertragung aufzubauen). Den durchschnittlichen Analytiker beunruhigen die psychotischen Tricks. Daher meidet er solche Patienten. Vor kurzem fanden einige mutige Analytiker heraus, dass sie einem psychotischen Patienten dann überlegen sein konnten, wenn sie zu zweit arbeiteten. Das nennt sich dann „Man-braucht-zwei-um-einen-zu-schaffen-Therapie" oder „multiple Therapie". Redet beispielsweise der Psychotiker zwanghaft, ohne Pause, betreten zwei Therapeuten den

Raum und beginnen ihrerseits, miteinander zu sprechen. Da der Psychotiker nicht fähig ist, seine Neugierde zu unterdrücken (ein Unterlegenheitsgefühl), verstummt er und hört zu, womit er sich in eine unterlegene Position hat bringen lassen.

In der Behandlung von Psychotikern hat es ein Psychiater, in seinem Berufsstand liebevoll „der Bulle" genannt, zu einer, wenngleich umstrittenen Meisterschaft gebracht. Hört ihm ein zwanghafter Sprecher nicht zu, setzt er ihm ein Messer auf die Brust und zieht so die Aufmerksamkeit auf sich. Kein anderer Therapeut vermag auf so geschickte Weise sogar den entschlossensten Patienten kleinzukriegen. Andere benötigen dazu Kliniken, Wärter, Schockbehandlungen, Lobotomien, Medikamente oder Wannen, um den Patienten in eine auch nur einigermaßen unterlegene Position zu versetzen. Der „Bulle" lässt selbst den schwierigsten Psychotiker seine Unterlegenheit durch bloße Worte und das gelegentliche Aufblitzen-Lassen eines Taschenmessers fühlen.

Eine dem völlig entgegengesetzte Methode benützt die „liebliche Lady von Lodge", die die oft als rüde bezeichneten und nicht sehr geschmackvollen Tricks des „Bullen" ablehnt. Behauptet ein Patient, Gott zu sein, besteht der „Bulle" darauf, selbst Gott zu sein, wodurch er den Patienten in die Knie zwingt. Damit ist er in einer sehr direkten Art überlegen. Die „Lady von Lodge" dagegen lächelt in einem solchen Fall und sagt: „In Ordnung, wenn Sie Gott sein wollen, ich lasse Sie." Der Patient unterliegt sanft, wenn er sich dessen bewusst wird, dass niemand außer einem Gott ihn Gott sein lassen kann.

Obgleich konventionelle psychiatrische Tricks bei Neurotikern nur in beschränktem Maße angewandt werden können, wird niemand ihren Erfolg leugnen. Ein erfahrener Analytiker vermag einen Patienten in eine unterlegene Position zu bringen, während er gleichzeitig überlegt, wo er abends essen wird.

Problematisch wird es, wenn Analytiker – etwa anlässlich der Treffen psychoanalytischer Gesellschaften – miteinander zu konkurrieren beginnen. Die meisten der bei diesen analytischen Treffen ausgetragenen Kämpfe finden auf einer sehr persönlichen Ebene statt. Rein inhaltlich gesehen geht es zum einen um die Frage, wer Freud am nächsten steht oder ihn am ausführlichsten zitieren kann, zum anderen darum, wem es gelingt, durch die unablässige Verwendung Freud'scher Begriffe die größte Verwirrung anzurichten.

Wer aus diesen Kämpfen als Sieger hervorgeht, wird normalerweise zum Präsidenten der Gesellschaft gewählt.

Manipulationen der Sprache bilden das auffälligste Phänomen bei diesen analytischen Treffen. Wenn sich Analytiker in wütenden theoretischen Diskussionen ergehen, werden dunkle Begriffe definiert, verworfen und durch noch dunklere Begriffe ersetzt. Das ist besonders dann der Fall, wenn es darum geht nachzuweisen, ob eine bestimmte Behandlung eines Patienten *wirklich* psychoanalytisch war oder nicht. Fragen dieser Art werden in der Regel anlässlich besonders brillanter Falldarstellungen aufgeworfen.

Was zwischen Analytiker und Patient passiert, „die Kunst der Überlegenheit" also, wird bei solchen Treffen selten diskutiert (offensichtlich versucht man, die entsprechenden Techniken geheim zu halten). Die Diskussionen konzentrieren sich auf die Prozesse im dunklen und nasskalten Inneren des Patienten. Die Analytiker versuchen dabei ständig, sich gegenseitig in der Erklärung des bizarren Innenlebens der Patienten auszustechen. Immer wieder werden die Redner durch Zurufe aus dem Saal unterbrochen: „Stimmt nicht! Sie vermischen einen Es-Impuls mit einer schwachen Ego-Grenze!" oder: „Der Himmel helfe Ihren Patienten, wenn Sie *das* Kathexis nennen!" Auch der nüchternste Analytiker entwickelt bald ein ozeanisches Gefühl und droht, sich in den Fluten der Energietheorien, libidinösen Triebe, instinktiven Kräfte und Über-Ich-Barrieren zu verlieren. Der siegreiche Analytiker, dem es gelingt, die Diskussionsteilnehmer am gründlichsten zu verwirren, hinterlässt in seinen Kollegen Gefühle der Frustration und des Neids (Unterlegenheitsgefühle). Die Verlierer kehren zu ihren Studien zurück, um sich für das nächste Treffen zu präparieren.

Die Tricks von Analytikern und Patienten, wie sie während des typischen Behandlungsverlaufs auftreten, lassen sich wie folgt zusammenfassen: Der Patient beginnt die Analyse in einer unterlegenen Position, bittet um Hilfe und versucht zunächst, den Therapeuten in eine unterlegene Position zu bringen, indem er ihn groß herausstellt. Das sind die Flitterwochen der Analyse. Der Patient beginnt, dem Therapeuten Komplimente zu machen, wie wunderbar er ist und wie schnell es ihm (dem Patienten) besser gehen wird. Der geschickte Analytiker hält sich in dieser Phase zurück („Reich'scher Widerstandstrick"). Fühlt sich der Patient dann unterlegen, ändert er seine Taktik. Er wird gemein, frech, droht, den Analytiker zu verlassen, und erhebt Zweifel an dessen Zurechnungsfähigkeit. Dies alles sind Tricks, um eine „menschliche Reaktion" zu bekommen. Sie stoßen auf eine passive, unpersönliche Mauer: Der Analytiker schweigt, oder er umgeht den Vorfall mit einem einfachen Statement wie: „Haben Sie bemerkt, dass dies schon der zweite Dienstagnachmittag ist, an dem Sie eine solche Bemerkung machen?" oder: „Sie scheinen auf mich zu reagieren, als wäre ich ein anderer." In seinem aggressiven Verhalten frustriert („Widerstandstrick"), kapituliert der Patient und überlässt dem Analytiker erneut die uneingeschränkte Kontrolle über die Situation. Damit baut er den Therapeuten wieder auf, lehnt sich an ihn an, hängt an jedem seiner Worte, besteht darauf, wie hilflos er und wie stark der Analytiker ist, und wartet auf den Moment, in dem er den Analytiker so weit hat, um ihn in die Knie zwingen zu können. Der geschickte Therapeut wendet in einer solchen Situation eine Reihe „herablassender" Tricks an. Er weist beispielsweise darauf hin, dass der Patient sich selbst helfen muss und nicht erwarten kann, dass ein anderer seine Probleme löst. Bis dahin hat dieser dann vom Analytiker so viele Techniken gelernt, dass es ihm besser geht. Er versucht, die Beziehung von allen Seiten so zu definieren, dass der Analytiker unterlegen ist. Dies ist die Krisenzeit der Analyse. Wurde jedoch der Boden durch eine gründliche Diagnose sorgfältig vorbereitet (die schwachen Punkte aufgelistet) und eine Reihe von Selbstzweifeln im Patienten geweckt, stehen die Chancen gut, den Patienten über Jahre hinweg in einer unterlegenen Position festzuhalten. Schließlich passiert etwas Bemerkenswertes. Wie schon so oft versucht der Patient wieder einmal, überlegen zu werden, der Analytiker drückt ihn wieder einmal herunter, doch den Patienten stört das nicht. Er hat einen Punkt erreicht, wo es ihm nicht mehr wirklich etwas ausmacht, ob er oder aber der Analytiker die Beziehung kontrolliert. Mit anderen Worten: Er ist geheilt. Der Analytiker entlässt ihn, und zwar kurz bevor der Patient so weit ist, dass er sein Gehen ankündigen kann. Der Analytiker wendet sich wieder seiner Warteliste zu und lädt einen anderen Patienten ein, also jemanden, der gezwungen ist zu kämpfen, um überlegen zu sein, und der verstört ist, wenn er unterliegt. Und so verlaufen die Tage in der schwierigen Kunst der Psychoanalyse.

Die Kunst, schizophren zu sein

Allenthalben wird heute über ein Schwinden der Maßstäbe geklagt. Wie die meisten Generalisierungen trifft auch diese nur bedingt zu. Allerdings kann nicht bestritten werden, dass der Standard im Bereich der psychiatrischen Diagnostik gesunken ist. Wo einst Klarheit und Strenge herrschten, trifft man heute auf schlampige Gleichgültigkeit und ein schwammiges Konglomerat unterschiedlichster Krankheiten. Es scheint, als ob man der diagnostischen Präzision nicht mehr bedürfte. Das schockierendste Beispiel bietet die Diagnostik der Schizophrenie. Früher war es klar, ob jemand schizophren war oder nicht, man hatte die verschiedenen Formen sauber katalogisiert und war sich einig. Heute wird der Begriff Schizophrenie nahezu auf alles angewandt. So kann schon ein vorübergehender Wutanfall eines Jugendlichen die Diagnose Schizophrenie zur Folge haben, ohne dass er eine Möglichkeit erhält, sein wahres Wesen und seine Fähigkeiten zu zeigen. Es geht jedoch nicht nur darum, dass die falschen Leute in diese Kategorie verbannt werden, wir selbst lassen ja keine Gelegenheit aus, die Diagnosen so zu verwässern, dass nahezu jeder Mensch in irgendeine dieser Kategorien passt. Was um Himmels Willen ist beispielsweise schizoid oder, noch schlimmer, ein schizoaffektiver Status? Sind solche Bezeichnungen nicht fast absurde Kompromisse, die durch die Unwilligkeit entstehen, Diagnosen so sauber und rein zu halten, wie es in der europäischen, besonders der deutschen Tradition üblich ist? Machen wir uns die Mühe und überprüfen wir, welche Bedingungen jemand, der diese Diagnose tatsächlich verdient, erfüllen muss, so dass wir die falschen Bewerber unbarmherzig zurückweisen können und dazu in der Lage sind, eine scharfe Grenze zu anderen Krankheiten zu ziehen. Den Begriff „Schizophrenie" für jeden zu gebrauchen, der mit einem benebelten Gesichtsausdruck hinter der Krankenhaustür auf- und abschlendert, ist ein Verrat an denjenigen, die lange und hart daran gearbeitet haben, diese Krankheit zu bekommen.

Die richtige Familie

Zunächst ist festzustellen, dass nicht jeder Schizophrenie bekommen kann. In erster Linie bedarf es dazu einer bestimmten Umgebung. Um schizophren zu werden, muss man in die richtige Art von Familie hineingeboren werden. Hat man das fertig gebracht, ergibt sich alles Übrige beinahe wie von selbst. Noch keiner, der versucht hat, ohne den richtigen Familienhintergrund schizophren zu werden, hatte bislang Erfolg. Es mag ihm zwar gelingen, anlässlich eines Streits oder irgendeiner anderen vertrackten Situation in eine Art psychotisches Verhalten auszubrechen, doch ist er unfähig, dieses Verhalten beizubehalten, wenn die Umgebung wieder in Ordnung kommt.

Die Art der Familie, aus der jemand stammen muss, um schizophren zu werden, wurde in Fachzeitschriften und anderen einschlägigen Publikationen bereits ausführlich beschrieben. Zusammengefasst sagen diese wissenschaftlichen Berichte, dass die Familienmitglieder als Einzelne völlig unscheinbar sind. Erst wenn man sie zusammen sieht, fällt einem auf, dass es verzweifelte Gestalten sind, die einen verdeckten Machtkampf führen und in einer Art ständiger Verwirrung leben.

Beobachtet man eine solche Familie genauer, fällt als Erstes die zentrale Rolle der Mutter auf. Von ihr scheint der Schizophrene seine Flexibilität und seine aufreizende Fähigkeit zu haben, Menschen zu frustrieren, die versuchen, ihn zu beeinflussen. Wie ein Kind in einer Zirkusfamilie von seinen Eltern lernt, auf einem Seil zu tanzen, so lernt der Schizophrene von seiner Mutter, wie man mit persönlichen Beziehungen akrobatisch jongliert. Die Mutter des Schizophrenen verfügt in der Regel über eine erstaunliche Bandbreite an Verhaltensweisen, die nur noch von einer höchst perfekten Schauspielerin übertroffen werden kann. Wenn sie verletzt ist (was beispielsweise der Fall ist, wenn man auf sie eingeht), ist sie fähig zu weinen, zu drohen, herablassende Besorgnis zu äußern, anzukündigen, verrückt zu werden und auszusteigen, freundlich und fromm zu sein, und, falls noch ein Wort fällt, auszuwandern. Wenn diese Art von Mutter dem verstörten Kind gegenübersteht, das sie großgezogen hat, ist sie ohne weiteres dazu imstande, mit einer Unschuldsmiene zu behaupten, dass der Fehler irgendwo anders liegen müsse, da sie ihr Leben lang nichts für sich, sondern alles für ihr Kind getan habe. Deutlich kommt dies in folgender Bemerkung einer Mutter zum Ausdruck: „Eine Mutter opfert – Sie wüssten das, wenn Sie selbst eine Mutter wären, wie auch bei Jesus und seiner Mutter –, eine Mutter opfert alles für ihr Kind."

Es ist wohl offensichtlich, dass solche Mütter nicht leicht zu finden sind und wahrscheinlich nicht mehr als 20 Prozent der Gebärenden ausmachen. Doch für das wahre Aufblühen einer Schizophrenie reicht auch solch eine Mutter nicht aus. Um die mütterliche Flexibilität ausbalancieren zu können, muss der Schizophrene einen Vater haben, der ihm beizubringen versucht, unbewegt zu bleiben. Der Vater eines Schizophrenen hat einen Starrsinn, der unter Männern ungewöhnlich ist (ebenso wie die Fähigkeit, seine Frau zur Verzweiflung zu bringen, was es ihr wiederum ermöglicht, ihre vielfältigen Verhaltensweisen einzusetzen). Wenn dieser Vater einmal nüchtern und anwesend ist, sagt er leichthin: „Ich bin in Ordnung, Gott im Himmel weiß, dass ich nicht falsch beurteilt werden kann, schwarz ist nicht weiß, und das wissen Sie auch im Inneren Ihres Herzens." Diese Art Vater findet sich nicht leicht in der Bevölkerung, vor allem auch deshalb, weil er selten häuslich ist.

Hält man sich die Chance vor Augen, dass dieser untypische Mann solch eine ungewöhnliche Frau findet und sie – noch erstaunlicher – zusammen ein Kind zeugen, wird auf einmal klar, dass echte Schizophrenie nicht häufig vorkommen kann. (Oft berichten solche Eltern, dass sie nur dann sexuell beisammen waren, wenn einer oder beide Partner schliefen.)

Schließlich ist es wichtig, wenn auch nicht notwendig, dass ein Schizophrener eine bestimmte Art Bruder oder Schwester hat. Es muss jemand sein, der Kontakt hasst – ein Musterknabe, ein Musterschüler, ein süßer kleiner Bastard, der den Kontrast zur zukünftigen Schizophrenie bieten kann, indem er sich als der komplette Idiot zeigt, den die Familie in ihm sieht.

In Anbetracht eines derartigen Aufgebots an Talenten müsste man annehmen, dass ein in einer solchen Familienkonstellation aufwachsendes Individuum unweigerlich Schizophrenie bekommt. Offenbar ist diese Annahme falsch, denn nicht alle Kinder aus solchen Familien werden verrückt. Es genügt nicht, dass der Schizophrene in einer bestimmten Familie aufwächst, er muss in ihr auch eine bestimmte Position innehaben und lange Zeit eine bestimmte Funktion erfüllen, ähnlich einem Künstler, der ein paar Jahre lang täglich einige Stunden Übung braucht.

Es muss das besondere, das bemerkenswerte Kind sein, weil die elterliche Vergangenheit das erfordert. Was immer dieses Kind auch tut, es ist von außerordentlicher Bedeutung für die Eltern. Schon früh lernt es, dass ein Berühren seiner Nase in der Familie ein mittleres Erdbeben auslösen kann. Diese elterliche Konzentration ist mit einem Wort von beinahe unerträglicher Intensität.

Die wichtigste Funktion des Schizophrenen besteht darin, der repräsentative Versager in der Familie zu sein. In diesem Sinne ist er außergewöhnlich. Die Eltern empfinden sich als unbedeutende arme Teufel, als verlorene Seelen, als unfähig zu irgendeiner größeren Leistung (obgleich einige von ihnen gute Wissenschaftler geworden sind). Ihre Berechtigung zum Überleben ziehen sie aus der Existenz ihres schizophrenen Kindes, welches ihnen als Beispiel für einen gravierenden Fehler dient. Und das hilft ihnen, sich in der Welt ein bisschen besser zurechtzufinden. Das Kind kann diese Funktion relativ leicht erfüllen: Es muss nur einfach alles schief gehen lassen, was immer es anfasst. Der durchschnittliche Schizophrene entwickelt in dieser Hinsicht beachtliche Fertigkeiten, wobei er jedoch in regelmäßigen Abständen zeigt, dass er auch eine ganz ordentliche Arbeit tun könnte, wenn er nur wollte, weshalb ihn seine Eltern bewundern. Daneben gibt er ihnen natürlich auch reichlich Anlass zur Enttäuschung.

Der Schizophrene steht nicht nur im Brennpunkt des Lebens seiner Eltern, er nimmt auch in dem umliegenden Sumpf, dem familiären Netzwerk, eine Schlüsselposition ein. Man fühlt sich an Akrobaten erinnert, die einander auf den Schultern stehen. Nur dass in diesem Fall die Pyramide umgedreht ist: Sie ruht auf einem einzigen Mann, der unten steht und das ganze Gebäude hält. Der Schizophrene befindet sich im Schnittpunkt der Kämpfe zwischen seiner Mutter und deren Mutter, seinem Vater und dessen Mutter sowie anderen, ähnlich gelagerten Generationenkonflikten. (Wenn der Schizophrene sich mit seiner Mutter gegen den Vater stellt, kann dieser nur schwach protestieren, denn er verbindet sich mit *seiner* Mutter gegen seine Frau.)

Der durchschnittliche Schizophrene hat sein Leben lang die Dreieckskonflikte seiner Familie auszubalancieren. Jedes Familienmitglied konzentriert sich auf seine Handlungen, so dass alles, was immer er in dem Dreieck sagt oder tut, beim anderen Auswirkungen hat. Wenn er seinen Großeltern gefallen soll, wird er seinen Eltern missfallen, sollte er einer Person zustimmen, kann er sicher sein, dass er damit einigen anderen widerspricht. Daher muss der Schizophrene lernen, in einer Art zu kommunizieren, die jeden befriedigt. Er tut das, indem er das, was er sagt, danach durch eine widersprüchliche Aussage abqualifiziert und anschließend bemerkt, er meine eigentlich keines von beidem. Diese komplizierte Art der Anpassung lässt sein Verhalten bisweilen etwas merkwürdig erscheinen.

Der Schizophrene lernt natürlich schnell, dass er aufgrund seiner extrem mächtigen Position das Dreieck zu seinem Vorteil manipulieren kann. Es muss an dieser Stelle nochmals ausdrücklich betont werden, wie wichtig und unentbehrlich seine Fähigkeiten in diesem Spiel sind. So erklärte beispielsweise ein schizophrener Teenager, der – wie die meisten Schizophrenen – frühreif war: „Meine Eltern und ich sind in dem ewigen Dreieck eingebunden." Sie zeigte ihre Fähigkeiten in diesem Spiel, indem sie zwischen ihre Eltern ins Bett kletterte und ihre Mutter hinauswarf (wobei der Vater nur schwach protestierte und meinte, die Mutter hätte eben die Tür zum Schlafzimmer zuschließen sollen). Für den Schizophrenen ist auch selbstverständlich, was Sozialwissenschaftler erst jetzt zu erkennen beginnen: Ernsthafte Störungen treten in der Regel dann auf, wenn es zu geheimen, generationenübergreifenden Koalitionen kommt. Natürlich ist der Schizophrene Meister der Generationenkoalitionen. Er könnte sich weigern, mit Gleichaltrigen zusammenzukommen, aber er ist auch bekannt dafür, seinen Urgroßvater so zu provozieren, dass er in den elterlichen Konflikt eingreift.

Die größte Verantwortung des Schizophrenen besteht darin, die Familie zusammenzuhalten. Weder Sozialwissenschaftler noch Familientherapeuten können sich im Geringsten vorstellen, wie man eine Familie vor dem Auseinanderbrechen bewahren kann – dem schizophrenen Kind gelingt es mit Leichtigkeit. Es fühlt sich verpflichtet, seine präzise Wahrnehmung und seine interpersonellen Fähigkeiten zu nutzen, um das Familiensystem zu stabilisieren, auch wenn es sich in einer Stimmung ständiger Verzweiflung befindet. Wie wichtig die Rolle des schizophrenen Kindes ist, zeigt sich bei den seltenen Gelegenheiten, wenn es seine Krankheit aufgibt, im Leben normal und erfolgreich wird und seine Familie verlässt. Beide Eltern brechen plötzlich nacheinander zusammen, verlieren ihr Gefühl für den Sinn ihres Lebens und lassen sich scheiden (wobei sie sich vorsichtig bei *ihren* Eltern entschuldigen, dass sie als Eltern erfolgreicher als diese waren).

Das schizophrene Kind beugt einer Auflösung der Familie mit einfachen Mitteln vor: Es bietet sich als Problem an. Dadurch liefert es den Eltern eine Entschuldigung dafür, warum sie immer noch zusammenbleiben. Droht im Entferntesten eine Trennung, schaut es erst einmal unglücklich, um der Mutter und dem Vater eine Begründung zu liefern, zusammenzubleiben. Denken die Eltern ernsthaft daran, sich zu trennen, muss sich das Kind als schweres Problem anbieten. Solche Kinder lernen schnell, wie sie sich zu verhalten haben: Merkwürdiges Gehabe und Grimassieren in unangebrachten Situationen sind ebenso hilfreich wie Schweigen und das Verdrehen von Körperteilen oder verrücktes Wedeln der Hand mit einem begleitenden gelegentlichen idiotischen Quieken. Ist das Kind im Schulalter, muss es zeigen, dass es unfähig ist, außerhalb der Familie zu existieren, weshalb seine Eltern zusammenbleiben und es trösten müssen, da es ohne sie verloren ist. Als Familienproblem erzwingt es das Kind, dass die Eltern zusammenbleiben, um es zu retten. Es bietet sich als Ursache ihrer Schwierigkeiten miteinander an und fordert sie zugleich heraus. Die Eltern haben das Bestreben, perfekte Eltern zu sein. Benimmt sich ihr Kind verrückt, erkennen sie in der Aufgabe, es zu heilen, ihre Bestimmung, was sie natürlich zwingt, weiterhin zusammenzubleiben.

Droht jedoch die Gefahr, dass die Eltern näher zusammenrükken und liebevoller miteinander umgehen, was immer eine Veränderung in der Familie hervorruft, muss der Schizophrene schnell handeln. In dem Moment, in dem der Vater seine Hand nach der Mutter ausstreckt, muss der Schizophrene sofort seine Hosen nass machen oder darauf bestehen, die Oma zu besuchen, wodurch es ihm auf geschickte Weise gelingt, die Mutter des Vaters auf den Plan zu rufen, was immer einen Streit zwischen den Eltern provoziert.

Wenn der Schizophrene alt genug ist, um wahrzunehmen, dass seine Familie von der Gesellschaftsnorm abweicht, beginnt er ihre Andersartigkeit symbolisch zu verstärken. Der von ihm gewählte Weg, sich zu dieser Angelegenheit zu äußern, treibt die Eltern näher zusammen und macht gleichzeitig die Gemeinde auf die Notwendigkeit aufmerksam, der Familie Hilfe anzubieten. Als Technik wählt er die Parodie. Schon lange kennt man Schizophrene als die begabtesten Parodisten der Welt, und man sagt, sie parodieren die schlimmsten Aspekte unserer Gesellschaft. Das ist übertrieben; sie parodieren lediglich ihre Familien. Betonen die Eltern beispielsweise ihre Religiosität, verhalten sich aber höchst unreligiös, lässt sich der schizophrene Sohn einen Bart wachsen und brennt sich mit Zigaretten Löcher in die Handflächen. Sollte das nicht genügend Aufmerksamkeit erwecken, bummelt er noch mit einem großen Kreuz in der Nachbarschaft herum. Die Eltern empfinden diese Handlungen nicht immer als in ihrem Interesse liegend, weil sie in vielen Bereichen leidenschaftlich gern Geheimnisse haben. In einem solchen Fall jedoch, wenn das Kind nur religiöser ist als sie selbst, können sie es kaum wegen seines schlechten Verhaltens anklagen. Geben die Eltern vor, trotz schmutziger Gedanken schrecklich puritanisch zu sein, verdammt der Schizophrene lautstark obszöne Wörter, zählt sie unablässig auf und schreibt sie sogar auf den Gehweg vor dem Haus.

Die Fähigkeit, mit der ein Schizophrener die Aufmerksamkeit auf das Familienproblem lenkt, während er gleichzeitig die Verantwortung dafür ablehnt, zeigt sich am besten in seinen verbalen Kommentaren. Der ideale Kommentar ist der, der so zweideutig ist, dass er von der Mutter stammen könnte – er muss die Eltern ins Mark treffen, sie aber darüber im Unklaren lassen, ob ihn ein Außenstehender versteht.

Eine schizophrene Tochter beispielsweise hörte ihre Eltern darüber sprechen, wie glücklich die Familie sein könnte, wenn sie nicht so eine erbärmliche Tochter hätten, woraufhin sie sagte: „Ja, aber wärt ihr denn glücklicher, wenn ich nicht so viel trinken würde?“ Obwohl diese Bemerkung auch auf die Hilfsbedürftigkeit der Eltern hinwies, war sie doch ein relativ ungeschicktes Manöver, das es nicht verdient, schizophren genannt zu werden. Die rüde Direktheit könnte darauf hinweisen, dass die Tochter ihren Ärger nicht kontrollieren kann. Der erfahrene Schizophrene ist fähig, den Ausdruck seiner Gefühle vollständig unter Kontrolle zu halten. Beifall gebührt dem Sohn, der seiner Mutter zum Muttertag eine Karte mit den Worten schickte: „Du warst immer wie eine Mutter zu mir“, sowie der Tochter, die, als sie mit Mutter und Stiefvater in einer psychiatrischen Klinik ankam, sagte: „Mutter hat heiraten müssen, und jetzt bin ich hier."

Droht sich die Familie aufzulösen, muss der Schizophrene zu extremen Mitteln greifen und versuchen, Nachbarn und Polizei ins Haus zu bringen. Um die Familie zusammenzuhalten, wird er sich unter Umständen sogar ins Krankenhaus einsperren lassen. Wenn eine Familienkrise einmal so weit eskaliert ist, dass ein Bruch unmittelbar bevorsteht, dient ihm psychotisches Verhalten als letzte Zuflucht. Dieses wirklich unglückliche Kind treibt die Eltern durch die gemeinsame Belastung wieder zusammen. Einerseits zwingt es sie, dem Protest, der ihnen von außen entgegenschlägt, standzuhalten, andererseits bietet es sich als Sündenbock für alle früheren und gegenwärtigen Schwierigkeiten an. Bei der psychotischen Episode, die während einer Familienkrise auftritt, handelt es sich um eine Extremversion des normalen Verhaltens des Schizophrenen. Dieses Mal konfrontiert es ihn jedoch plötzlich mit einer Situation, die seine ganze Geschicklichkeit verlangt – der Behandlungssituation. Bevor wir uns den spezifischen Fähigkeiten zuwenden, die ein Schizophrener braucht, um im Krankenhausalltag zu überleben, lassen Sie uns zusammenfassen, welches Training der Schizophrene durchlaufen hat, wenn er dort mit ungewaschenem Gesicht und ungekämmtem Haar ankommt, bereit, in die Institution einzutreten, die zu seinem Grab werden wird.

Der Schizophrene muss also aus der richtigen Familie kommen, mit geradezu modellhaften Eltern. Er muss gelernt haben, komplizierte, konflikthafte Familiendreiecke zu manipulieren und auszubalancieren. Auch muss er gelernt haben, mit intensiver Aufmerksamkeit umzugehen; andere Kinder werden von ihren Eltern zeitweise ignoriert, bei den Schizophrenen wird jede Bewegung und jedes Wort persönlich genommen. Er wird deshalb darin geübt sein müssen, seine Emotionen zu verbergen und so zu tun, als ob er für das, was er getan hat, nicht verantwortlich sei; er muss Bedrohungen in jeder Situation wahrnehmen können und dazu in der Lage sein, die verschiedensten Situationen und Konstellationen zu stabilisieren, indem er sich bereitwillig als Sündenbock zur Verfügung stellt und so die Unzulänglichkeit der anderen ausgleicht. Damit dürfte deutlich geworden sein, dass nur wenige Menschen den komplizierten Bedingungen der Welt des durchschnittlichen Schizophrenen gerecht werden. Es gibt noch eine letzte Bedingung, an der die meisten Mitbewerber scheitern. Er ist fest dazu entschlossen, sein Leben einem absoluten und eigensinnigen Kreuzzug zu widmen, dessen Ziel darin besteht, niemals die Familie über die Klinge springen zu lassen. Die unzähligen Affronts, die er erleiden musste, kann er bis ans Ende seiner Tage nicht vergeben. Auch wenn das Gesetz ihn zwingt, sich von seinen Eltern zu trennen, wird er sie ständig, beispielsweise durch bizarre Briefe, daran erinnern, dass sie ihn verrückt gemacht haben und dass er vorhat, in diesem Status zu bleiben. Sein einziges Risiko ist die Heilung, denn Geheiltsein würde bedeuten, dass er seiner Familie vergeben hätte. Angesichts der Willenskraft des Schizophrenen ist diese Gefahr jedoch verhältnismäßig gering. Wie die Kreuzritter den Heiligen Gral über die Leichen der Ungläubigen hinweg beharrlich verfolgten, so wird der treue Schizophrene um jeden Preis und trotz aller Interventionen an seine Familie gebunden bleiben, damit die Eltern selbst im Sterben ihr Unglück nicht vergessen.

Das richtige Krankenhaus

Voll erblühen kann Schizophrenie nur in einem psychiatrischen Krankenhaus. Wie eine Pflanze nur in gut gedüngtem Boden optimal wächst, so erreicht der Schizophrene seine vollste Blüte erst in der geschlossenen Abteilung psychiatrischer Institutionen. Merkwürdigerweise lehnt der Schizophrene diese Form der Unterbringung zuerst einmal vehement ab. Erst wenn er bereits eine Zeitlang eingesperrt ist, bedenkt er die Vorteile der Einrichtung. Dann ist es in der Regel jedoch schon zu spät, um zurückzukehren. Nirgendwo sonst könnte er eine Umgebung finden, die seinem Zuhause so ähnlich ist und in der er gleichzeitig auf Gegner trifft, die den Mitgliedern seiner Familie deutlich unterlegen sind.

Das durchschnittliche psychiatrische Krankenhaus ist in der Fachliteratur ausführlich beschrieben worden. Diese Berichte lassen sich dahingehend zusammenfassen, dass psychiatrische Institutionen oft von einer vagen, bizarren Verzweiflung geprägt sind, überzogen von einer dünnen Schicht schimmernder Hoffnung und guter Vorsätze, die den erbitterten tödlichen Machtkampf zwischen Patienten und Personal verschleiert. Die Kunst der Schizophrenie besteht in erster Linie darin, mit Machtkämpfen umzugehen, und natürlich steht das Machtproblem in einem psychiatrischen Krankenhaus im Mittelpunkt. Die Vorstellung, dass der Kampf zwischen dem Patienten und dem Personal ungleich wäre, entspricht nicht ganz der Realität. Das Personal hat Medikamente, Wannen, Eispackungen, Schocktherapien, Gehirnoperationen, Isolierzellen, die Kontrolle über das Essen und sämtliche Privilegien sowie die Möglichkeit, eine Gruppe zu formieren, die aus Helfern, Krankenpflegern, Sozialarbeitern, Psychologen und Psychiatern besteht. Der Schizophrene hat all dieses Machtzubehör nicht; auch ist ihm die Möglichkeit der Gruppentaktik versperrt, da er im Allgemeinen ein Einzelgänger ist. Er hat jedoch seine besondere Art, seine Worte sowie einen starken und fest entschlossenen Willen. Schließlich hat er ein langes Training in einer Familie hinter sich, die aus den schwierigsten Menschen der Welt bestand. Ein normaler Mensch würde angesichts der organisierten Angriffe vonseiten des Personals eines psychiatrischen Krankenhauses die Flucht ergreifen oder kapitulieren, der Schizophrene jedoch kann seine Situation und seine Möglichkeiten mit einem Blick einschätzen. Obwohl er durch die Einlieferung in die Klinik beunruhigt ist, wie er es immer ist, kann der Schizophrene die Familie und das Personal in einen Streit verwikkeln, noch bevor man ihm seine Alltagskleidung, sein Geld und seinen Führerschein abgenommen hat.

Die erste Lektion, die ein Schizophrener im Krankenhaus lernt, ist, dass er tun muss, was die Helfer ihm sagen. Seine erste Reaktion besteht darin abzulehnen, denn er hat noch nie in seinem Leben getan, was man ihm gesagt hat, das wäre gegen die Familientradition. Die Helfer jedoch können Widerspenstigkeit nicht zulassen. Schließlich ist es ihre Pflicht, das Krankenhaus am Laufen zu halten. Wenn der Schizophrene nun einen Befehl verweigert, versucht ihn der Helfer so stark er kann im Innersten zu verletzen. Das überrascht den Patienten, und er grübelt darüber nach, wie er das zu seinem Vorteil verwenden kann. Bald lernt er, dass er das nicht kann, weil das Im-Innersten-getroffen-Sein nicht an die Öffentlichkeit gelangt. Sollte sich der Patient beklagen, streitet der Helfer alles ab, und der Doktor scheint ihm zu glauben. Solchermaßen ermutigt holt der Helfer zum großen Schlag aus und nennt den Patienten einen Heuler. Von nun an gehorcht der Schizophrene dem Helfer, doch tut er das, was ihm befohlen wurde, so flüchtig, als ob er gar keinen Befehl gehört hätte. In modernen, progressiven psychiatrischen Kliniken dürfen die Helfer die Patienten nicht schlagen. Der Helfer muss berichten, dass die Feindseligkeiten des Patienten unkontrolliert werden, woraufhin der Doktor dem Patienten einen Elektroschock verpassen kann. Dieses Vorgehen wahrt den unter Umständen eingesetzten medizinischen Untersuchungsausschüssen gegenüber die Form. Vor kurzem wurde versucht, die Schizophrenen außer Gefecht zu setzen, indem man Medikamente in sie hineinpumpte, bis ihre Augäpfel hin- und herschwammen und sie nicht mehr wussten, wo oben und unten war. Durch genügend starke Medikamente gedämpft, wird die brillante Wahrnehmung beeinträchtigt, und der Patient ist weniger geschickt im Machtkampf mit der Klinik. Mit der Zeit jedoch setzt eine Gewöhnung an die Medikamente ein, und erst kürzlich wurde der Trend zur Rückkehr zu den Schockmaschinen in den Kliniken bekannt.

Nach dieser ersten Begegnung mit der rohen Gewalt des psychiatrischen Krankenhauses wirft der weise Schizophrene sein geschwächtes und berechnendes Auge auf die elementaren Spiele, die er spielen muss, um seine Selbstachtung zu erhalten. Bald erkennt er, dass sich nicht viel verändert hat: Alles ist wie das Leben zu Hause.

Die erste Schwäche, die der Schizophrene im Krankenhaus entdeckt, ist dieselbe, die er auch in seiner Familie gefunden hat: Das Krankenhaus kann mit seinem Anspruch auf Wohltätigkeit in die Falle gelockt werden. Ebenso wie die Eltern behaupteten, sie täten alles um seinetwillen, so behauptet auch das Krankenhaus, dass es alles für das Wohl des Schizophrenen tut. Alles, was der Bequemlichkeit dient, geschieht „zum Wohle des Kindes“. Alle Krankenhausaktivitäten, die dem effektiven Ablauf oder der Bequemlichkeit des Personals dienen, ob es darum geht, die Patienten zu zwingen, morgens um 6 Uhr aufzustehen, oder einzelne Teile des Gehirns rauszuschneiden, geschehen „zum Wohle des Patienten“. Wenn ihm solche Wohltätigkeiten angeboten werden, bietet der Schizophrene ein Bild vollständiger Verwirrung und Desorientierung. Wenn man ihm sagt, dass er um 9 Uhr abends im Bett sein muss, weil er den Schlaf braucht (und nicht wegen der Bequemlichkeit des Stationspersonals), übt sich der Schizophrene in nächtlichem Terror, der die Station bis zu einer angemesseneren Zu-Bett-Gehzeit in Aufregung hält. Wird er dann mit Hilfe der Schockmaschine ruhig gestellt, hat der Schizophrene Helfer und Psychiater damit gezwungen zuzugeben, dass das Zu-Bett-Gehzeit um 9 Uhr eine Bequemlichkeit des Krankenhauses ist. Dass der Psychiater von seinem Wohlwollen abhängt, bewies ein Patient, dessen Doktor nicht akzeptieren konnte, dass seine Patienten auf der Station umherirrten und ihn beschuldigten, sie nicht heilen zu können. Er ordnete an, dass seine Patienten zu ihrem Wohl täglich die Station verlassen müssten, um frische Luft zu schnappen. Dieser Schizophrene weigerte sich, hinauszugehen. Nachdem man ihn gewaltsam hinausbefördert hatte, lief er so lange geradeaus, bis er an einen Baum stieß. Dort blieb er – vor dem Fenster des Doktors – mit der Stirn an dem Baum stehen, bis der erboste Arzt ihn wieder hereinholte.

Durch die ähnliche Machtstruktur gibt das Krankenhaus dem Schizophrenen das Gefühl, er sei noch zu Hause bei seiner Familie. Genauso wie die Mutter auf dem Schein besteht, dass der Vater verantwortlich ist, während sie ihn tatsächlich ignoriert, so gibt auch die Krankenschwester vor, der Stationspsychiater sei verantwortlich, obwohl sie die Dinge eigenverantwortlich durchführt. Der Schizophrene findet bald heraus, dass der Stationspsychiater genauso wenig verfügbar ist, wie es sein Vater war, denn natürlich hat er niemals Zeit oder Lust, mit den Patienten zu sprechen. Der Schizophrene findet auch, dass sein langes Training, zwischen seinen Eltern Konflikte zu erzeugen, im Krankenhaus ungewöhnlich wertvoll ist, wo Schwestern und Psychiater schon mit einem Minimum an Manövern gegeneinander ausgespielt werden können. Verwirrung zwischen Doktor und Schwester im Hinblick auf ihre offizielle und aktuelle Machtposition lässt sich ganz einfach erzeugen. Hält der Doktor beispielsweise einige Aktivitäten für den Patienten für erforderlich, kann dieser beteuern, die Schwester habe ihm gesagt, gerade das solle er nicht machen. Der Doktor wird erwidern, dass bei Gott er derjenige sei, der hier Entscheidungen trifft, doch wird er im Umgang mit der Schwester unsicher, die wiederum fühlt, dass sie ihm offenbar in irgendeiner ihr unbekannten Sache widersprochen hat. Sollten extremere Mittel nötig werden, kann der Patient zu schreien beginnen, sobald sich ihm ein bestimmtes Mitglied des Personals nähert. Dies führt dazu, dass diese Person vom gesamten Personal misstrauisch beobachtet wird.

Erst im Krankenhaus kann sich der Schizophrene darin vervollkommnen, Koalitionen über Generationen hinweg zu manipulieren. Er kann sich mit Psychiatern gegen Schwestern, mit Schwestern gegen Helfer, mit Sozialarbeitern gegen den Stationsarzt, mit dem Stationsarzt gegen die Krankenhausverwaltung, mit dem Personal gegen die Familie und so weiter verbünden. Noch geschicktere Schizophrene reißen manchmal aus und lassen Gemeinde und Polizei gegen das Krankenhaus antreten. Sollte der Schizophrene einmal einen Psychotherapeuten bekommen, hat er damit die ganze verwirrte Machtstruktur des Personals in der Hand. Er wird versuchen, den Therapeuten – ebenso wie früher seine Mutter – davon zu überzeugen, dass er eine besondere Behandlung benötigt und ihm generell größeres Verständnis entgegengebracht werden muss. Der Stationsarzt in der Rolle des Vaters schimpft vor sich hin, dass der Patient tun müsse, was man von ihm erwarte; die Schwester protestiert, dass sie nicht zwei Stunden lang weg gewesen sei und die Station unbeaufsichtigt gelassen habe, wie der Patient behauptet; der Helfer schließlich verteidigt sich, der Patient habe eindeutig paranoide Halluzinationen, wenn er sagt, er sei von ihm schwer beleidigt worden. Solche aufregenden Zeiten wechseln mit langen, langweiligen Tagen, ähnlich wie es zu Hause war.

Wenn sich der Schizophrene zu sehr langweilt, wird er Aktionen provozieren, um das Leben auf der Station wieder zu beleben. Viele Schizophrene haben herausgefunden, dass sie einige Aufregung verursachen können, indem sie gar nichts tun. Beispielsweise können sie aufhören zu essen. Ebenso wie die Mutter zu Hause in Panik geriet, wenn ihr Essen ignoriert wurde und ihr armes Kind zu ihrer Schande abnahm, so entwickelt auch das Krankenhauspersonal Ängste, wenn der Patient das Essen verweigert. Bevor der Punkt erreicht ist, an dem es kein Zurück mehr gibt, wird der Schizophrene wieder anfangen zu essen. Einige besonders raffinierte Schizophrene versuchen, die Wiederaufnahme des Essens mit dem neuen Medikament, das ihnen der Doktor gegeben hat, in Verbindung zu bringen. Da Helfer und Ärzte immer noch auf die Pille hoffen, die alle Personalprobleme löst, freuen sie sich bei jedem Erfolg eines neuen Medikamentes – um später zu entdecken, dass andere Patienten nicht darauf reagieren und der Schizophrene sie wieder angeführt hat.

Die Position und Funktion des Schizophrenen im Krankenhaus ist identisch mit der, die er zu Hause eingenommen hat. Das Personal einer psychiatrischen Anstalt fühlt sich innerhalb des eigenen Berufsfelds als sehr unvollkommener Außenseiter. Daher ist es für diese Menschen wichtig, sich mit Personen zu umgeben, die noch inkompetenter sind als sie selbst. Neben den Schizophrenen, den Experten im Versagen, steht das Personal immer noch ein bisschen besser da. Vom Verwaltungschef des Krankenhauses angefangen, der seine Angestellten feuert, wenn er verärgert ist, bis hinunter zu den Helfern, die ihren Ärger an den Patienten auslassen, brauchen alle einen, dem sie sich überlegen fühlen können, und auf der untersten Stufe steht der Schizophrene. Wie zu Hause, so können auch hier die Schwierigkeiten und schlechten Gefühle der Mitglieder des Personals untereinander entschuldigt und auf den Umgang mit schwierigen Menschen, wie es die Schizophrenen nun einmal sind, zurückgeführt werden. In seiner Funktion als „schwarzer Peter" hält der Schizophrene die ganze Struktur wie ein Kleber zusammen. Dies erfordert Übung, Durchhaltevermögen, Genialität, aber auch Mut: Der Schizophrene riskiert täglich, die Faust der Helfer oder die Schockmaschine zu spüren; er lebt mit der Drohung der Einzelzelle und des gehirnchirurgischen Eingriffs. Der medizinischen Forschung zuliebe lebt er mit einer 40-prozentigen Chance, dass seine antipsychotischen Medikamente irreversible Hirnschäden verursachen. Diese Gefahren sind die Würze im Leben des Schizophrenen, und sie erfordern von ihm ein bestimmtes Verhalten. Dieses Verhalten wird von der Medizin als Hospitalismus bezeichnet. Da eindeutige Rebellion oder berechtigte Wut gegen die Institution strenge Bestrafung – natürlich zu seinem Besten – bewirkt, muss sich der Schizophrene wie ein schwieriger Mensch verhalten und zeigen, dass nicht *er* es ist, der dieses oder jenes tut, und er im Übrigen der Hilfe bedarf – das ist die Definition der Geisteskrankheit. Das Personal weigert sich, ihm irgendwelche Rechte zuzugestehen, da er sich ja nicht helfen kann, weshalb sie sich beim Umgang mit ihm so abquälen müssen – das nennt man dann Behandlung der Geisteskranken. Die einfachste Art, die Verantwortung für die eigenen Handlungen abzulehnen, ist zu behaupten, dass man ein anderer sei. Daher verwundert es nicht, dass sich die Figur des Doppelgängers unter den Schizophrenen großer Beliebtheit erfreut. Der andere sollte dabei möglichst anders sein, wie im Fall jenes männlichen Patienten, der sich „Miss United States" nannte. Man könnte aber auch behaupten, dass das Verhalten von außen komme, weshalb man dafür nicht bestraft werden kann. Ein netter Einfall ist es auch zu sagen, dass einem eine „Stimme" gesagt habe, man solle dies oder jenes tun, womit man die Verantwortung dafür los ist. Man kann das Personal kritisieren oder sogar eine puritanische Schwester schmutziger Gedanken beschuldigen, wenn man nur sagt, dass es Gott war, der gesprochen hat, der sich lediglich der Stimme des Patienten als Instrument bedient. Die Schwester bekommt Skrupel, wenn sie Gott auf die Schockpritsche legen soll. Eine andere Möglichkeit besteht darin, sich verwirrt und in Zeit und Raum desorientiert zu verhalten, so dass man offensichtlich nicht dafür verantwortlich ist, was man tut. Behauptet man, dieser Ort sei ein Gefängnis und man lebe im 17. Jahrhundert, so bedeutet das, dass man zu krank ist, um für eine Handlung bestraft zu werden. Gleichzeitig ist die Ähnlichkeit der meisten Krankenhäuser mit einem Gefängnis des 17. Jahrhunderts jedoch groß genug, um im Personal Schuldgefühle zu wekken. Man kann beschuldigen und entwaffnend der Beschuldigung entgehen, alles gleichzeitig. Manchmal können die Schuldgefühle durch mehr ironische Desorientiertheit erzeugt werden; beispielsweise kann man sagen, das Krankenhaus sei ein Palast und der Doktor ein König. Eine weitere Vorgehensweise besteht darin, mit einem törichten und schäbigen Lachen ätzende Kommentare abzugeben – kann man denn einen Idioten bestrafen? Doch erreichen die Kommentare ihr Ziel. Auch kann man durch Handlungen anklagen, ohne ein Wort zu sagen. Wenn ein Schizophrener mit gesenktem Kopf und ausgestreckten Armen an der Wand steht, vermutet das Personal, dass es Patienten kreuzigt. Doch teilt man ihm dies in einer Art mit, dass das Personal diese Anklage weder akzeptieren noch verleugnen, noch den Schizophrenen dafür tadeln könnte – das ist die wahre Kunst der Schizophrenie.

Diese wenigen, einfachen Verfahrensweisen mögen beschränkt erscheinen, ein geschickter Schizophrener kann jedoch unzählige Variationen davon erfinden.

Hat der Schizophrene einmal das Personal dazu gebracht, rohe Gewalt anzuwenden, kann er nicht sicher sein, dadurch in ihm schon Schuldgefühle zu erzeugen. Ginge er davon aus, würde er dessen Ausbildung unterschätzen. Immerhin haben Psychiater eine liberale College-Erziehung erhalten und ein gründliches Medizinstudium einschließlich eines Praktikums in der Psychiatrie absolviert. Es sind gutherzige Menschen, die versuchen, ihr Bestes zu geben und zivilisierte Umgangsformen mit menschlichen Wesen zu pflegen. Dank ihrer Ausbildung und ihrer Kenntnis der Menschheitsgeschichte sind sie dazu in der Lage, eine Errungenschaft der Zivilisation zu nutzen, die bei tödlichen Machtkämpfen wiederholt angewandt wurde – sie definieren die anderen Menschen als nicht-menschliche Wesen. Damit geht alles. Der gutherzige Südstaatler kann den Schwarzen schlecht behandeln, und der gutherzige Wärter im Konzentrationslager in Deutschland kann Menschen in Gaskammern werfen, solange er sie als menschenunwürdig definiert. Das Wissen um diese Tradition hat Psychiatern geholfen, den Schizophrenen nicht als einen Menschen, sondern als ein nicht reales Ding zu definieren, auf das die Regeln der Zivilisation nicht angewendet werden können. Vor diesem Hintergrund kann sich das Personal damit einverstanden erklären, dass der Patient nicht verantwortlich ist für den Ärger, den er hervorruft, weil er eben keine reale Person ist.

Somit sind auch die hirnschädigenden Medikamente offensichtlich nötig, um das Monster in eine liebenswertere Richtung zu bringen. Nur wenn das Personal argumentiert, dass die Zivilisationsregeln nicht auf Schizophrene anwendbar sind, begegnet es ihm letztlich auf der gleichen Ebene, weil auch der Schizophrene den Zivilisationsregeln nicht folgen will. Von seiner schrecklichen Verzweiflung getrieben, nähert er sich allen möglichen Extremen von Selbsterniedrigung und hat daher in solch einem Kampf einen großen Vorteil. Das Personal hat einen Menschen vor sich mit einer ungewöhnlichen Bestimmung und Fähigkeiten zu Innovationen. Auch wenn man ihn nackt ausgezogen und in eine unmöblierte, schalldichte Zelle gesteckt hat, so dass man ihn nicht hören kann, gibt der Schizophrene noch nicht auf. Gewöhnliche Menschen, die Freunde und Möbel brauchen oder schließlich herumschreien, wenn sie sich in einem Machtkampf befinden, würden in solch einer ausweglosen Situation hoffnungslos zusammenbrechen. Auch wenn der Schizophrene dann allein und schalldicht eingeschlossen ist, findet er noch Wege, um seine Meinung über das Personal kundzutun und sie weiter zu ärgern. Er ist bereit, die Produkte seines eigenen Körpers zu benutzen, indem er an die Tür pinkelt und auf den Boden scheißt und mit allem, was er als passendes Material empfindet, fröhliche Bilder des Personals an die Wand zeichnet.

Im Krankenhaus gibt es unterschiedliche Bereiche. Annehmliche erfreuliche Stationen, die den zu Besuch kommenden Würdenträgern gezeigt werden, bis zu hinteren ärmlichen Stationen, die von sadistischen Schwestern und Helfern regiert werden. Daher muss der Patient im Umgang mit dem Personal lernen, sie so weit zu bringen, ihn schlecht zu behandeln, allerdings nur, wenn er das so arrangiert hat. Selbstprovoziertes Elend stört ihn nicht, aber er mag keine Leute, die ihn aus ihrem eigenen Antrieb schlecht behandeln. Ebenso wie sich der Schizophrene das Personal genau ansieht, um die für seine Provokationen geeignetsten Bereiche zu finden, muss auch das Personal die Fähigkeiten des Schizophrenen beurteilen können, um zu wissen, welche Manöver von welchem Patienten jeweils zu erwarten sind. Die Notwendigkeit einer schnellen Einschätzung des Schizophrenen hat die Psychologen mit ihren psychologischen Tests auf den Plan gerufen. Sie sollen die Schwachstellen der Patienten diagnostizieren und damit dem Personal Vorteile verschaffen. Die Patienten merken natürlich sofort, dass es der Bursche, der sich so freundlich zu ihnen setzt und sie bittet, diese Tintenflecke anzuschauen und darüber zu sprechen, nicht unbedingt gut mit ihnen meint. Der Schizophrene weiß genau, dass seine Ausführungen über den Tintenfleck gegen ihn verwendet werden und seine Laufbahn im Krankenhaus auf unvorhersehbare Art und Weise beeinflussen können. Daher hält er sich mit seinen Kommentaren zu den Tintenflecken zurück. Mit ähnlich ambivalenten Situationen wuchs er nämlich zu Hause auf, erfuhr die gleichen verhängnisvollen Folgen, wenn er das Falsche sagte; daher vermeidet er es, ein zusammenhängendes Bild zu beschreiben. Stattdessen sucht er kleine Teile des Tintenkleckses heraus, eines hier und eines da, hütet sich aber, sie miteinander zu verbinden. Er vermeidet es, irgendwelche menschlichen Formen, die er entdeckt, zu erwähnen, auch wenn sie denen des Psychologen ähneln, denn er kann nicht sicher sein, ob seine Kommentare nicht persönlich genommen werden. Ein Schizophrener mit großem Selbstvertrauen spielt mit dem Test, er greift die bizarrsten Punkte auf, um zu sehen, ob er dem undurchdringlichen Gesicht des Psychologen eine Reaktion entlocken kann, er spielt mit der Idee eines Schlägers, denn er gilt als Schläger, und gibt gelegentlich versteckte Hinweise auf Gewalt, um anzudeuten, dass er weiß, dass diese Drohung hinter dem Test steckt. Nur indirekt gibt er zu verstehen, dass er das Anschauen von Tintenklecksen für ziemlich blöd hält – er weiß, dass es gewisse Gründe dafür gibt, die ihm aber nicht gesagt werden. Der Psychologe ist von dem Protokoll des Schizophrenen angetan, weil er findet, dass die Reaktionen nicht gewöhnlich sind. Dabei ignoriert er aber die Tatsache, dass die Situation des Schizophrenen ebenfalls ziemlich ungewöhnlich ist. Man kann dies mit einem weißen Südstaatler vergleichen, der folgert, ein Schwarzer sei ungebildet, weil er Ausflüchte sucht, sich am Kopf kratzt, „Tja Boss“ sagt und dabei den Kontext ignoriert, der es klug für den Schwarzen erscheinen lässt, so zu handeln. Da er jedoch unfähig ist, Kontexte zu erkennen, geschweige denn in ihrer Bedeutung zu berücksichtigen, schreibt er in seinen Bericht, dass der Patient verwirrt sei, sich in seinen Assoziationen verliere, eine gestörte Wahrnehmung habe und unter unterdrückten Aggressionen und einem verzerrten Ich leide. Dieses wissenschaftliche Testergebnis wird dann dem Personal überreicht, das es – wie der Schizophrene schon befürchtete – dazu benutzt, ihn kleinzukriegen.

Es könnte der Eindruck entstehen, als ob Schizophrenie ein recht gefährliches Spiel wäre, doch hat es auch seine freundlicheren Seiten. Beispielsweise wird einem Patienten gelegentlich die Möglichkeit zur Psychotherapie gegeben. Auch wenn auf den Stationen so viele Patienten sind, dass die Ärzte gar keine Zeit haben, mit ihnen zu sprechen (wenn sie sich die Zeit nähmen, wüssten sie allerdings auch kaum, über was sie mit ihnen sprechen sollten), betonen die meisten Krankenhäuser in ihren Broschüren ihr reichhaltiges Therapieangebot (womit im Übrigen suggeriert werden soll, dass es sich nicht um einfache Gefängnisse handelt). Dieses Angebot besteht aus Gruppentherapie-Treffen, die von Sozialarbeitern geleitet werden. Aufgabe dieser Treffen ist es, die Schizophrenen dazu zu bringen, sich miteinander zu beschäftigen, so dass sie davon abgelenkt werden, dem Personal Fallen zu stellen; darüber hinaus sollen sie den Sozialarbeitern das Gefühl vermitteln, eine sinnvolle Tätigkeit auszuüben, und ihnen Gelegenheit geben, ihren Gefühlen Luft zu verschaffen, die regelmäßig bei dem Versuch entstehen, mit der Familie des Patienten umzugehen. Der Schizophrene nutzt diese Gruppentreffen, um seine verbalen Techniken zu schärfen und zu erweitern: Er setzt sie oft ein, um sein Verhalten immer wieder subtil zu variieren; der Schizophrene ist nämlich ein Meister im Wiederholen von Verhaltensweisen. Einer hält wohl den Rekord. Er sagte in einer Zeitspanne von nur zwei Jahren zweihundertmillionensiebenunddreißigmal: „Ich denke, mein Denken ist nicht gut.“

Gelegentlich bieten Krankenhäuser auch psychiatrische Trainingsprogramme. Hier hat der Schizophrene Gelegenheit zu einer Einzelpsychotherapie mit einem Arzt, der sich in der Ausbildung befindet. Man lässt diese jungen Burschen bei der Schizophrenie anfangen, damit ihnen alles, was ihnen später begegnet, wenn sie ihr Glück in einer niedergelassenen Praxis suchen, keine allzu großen Probleme mehr bereiten kann. Psychiatrische Ärzte in der Ausbildung sind ein besonderer Menschenschlag. Entweder haben sie die Psychiatrie gewählt, weil sie fürchteten, verrückt zu werden, und der Meinung waren, das könnte ihnen helfen, oder weil sie sich für keine andere medizinische Richtung (wie beispielsweise Proktologie) entscheiden konnten. Sind sie erst einmal im Beruf, entdekken sie, dass das wenigste von dem, was ihre Lehrer sagten, beim Umgang mit Schizophrenen irgendeinen Nutzen hat. Die Dozenten unterrichten lediglich ein paar Stunden und verdienen ihren Lebensunterhalt in der privaten Praxis, wo sie Schizophrenen nach Möglichkeit aus dem Weg gehen (als sie Assistenzärzte waren, hatten sie genug). Das grundlegende Problem der Assistenzärzte ist die Übersetzung. Ihre Supervisoren reden in der einen bizarren Sprache, die Patienten in der anderen. Während der Supervisor über das dunkle Es spricht, das von Angst und der narzistischen Struktur der Ego-Extraversion überflutet wird, redet der Schizophrene über den Einfluss von Atomenergie auf das burontonische System und den Unterschied zwischen weiblichen und männlichen Hähnen. Supervisoren und Assistenzärzten ist es untersagt, direkt über das zentrale Thema im Krankenhausleben, also den Machtkampf zwischen Personal und Patienten, zu sprechen.

Ein kurzes Beispiel einer typischen Interaktion zwischen Patient und Psychotherapeut soll dazu dienen, die Art der Fähigkeiten zu illustrieren, über die ein Schizophrener verfügen muss. Der Patient wird von einem Helfer, der irgendetwas über einen Arztbesuch murmelt und dann wegschlurft, in einen Raum gebracht. Der Schizophrene wartet. Er fragt sich, welche Taktik das Personal anwenden wird, und versucht, das Ausmaß der Grausamkeit einzuschätzen. Nun öffnet sich die Tür und ein junger Mann mit ausdruckslosem Gesicht kommt herein. Damit er sich vom Patienten unterscheidet, trägt er einen Anzug mit Krawatte. „Hallo“, sagt er mit einer falschen Herzlichkeit, „ich bin Dr. Offgmay“. Der Schizophrene starrt an die Wand, als habe er die Belästigung nicht bemerkt. „Tja“, sagt der Doktor und versucht zu ignorieren, dass er ignoriert wird. „Ich dachte, wir könnten über irgendwas reden.“ Dieser typische therapeutische Schachzug, das vage, zweideutige, offene Statement, interessiert den Patienten. Vielleicht erregt es seine Bewunderung, denn es hat ein Ausmaß an Zweideutigkeit, von der er annahm, dass nur Patienten sie erwerben könnten. Er beginnt mit der Untersuchung, ob dieser Mann wirklich so ist, wie er erscheint, oder ob er nicht doch gefährlicher ist. Er sagt also: „Mein Rücklicht ist an“ oder vielleicht auch: „Gestern Nacht wurde mein Kopf eingeschlagen.“ – „Nun gut“, sagt der junge Mann, unsicher, was er mit einer solchen Aussage anfangen soll. „Ich würde gern ein bisschen mehr über Sie wissen, können Sie mir mehr über sich sagen?“ Der Schizophrene, der genau weiß, dass seine Akte mit seiner Geschichte gelesen wurde, hat die Situation verstanden; er entscheidet sich für einen weiteren Test, um seine Annahme zu bestätigen, und sagt: „Ich will das tun, was Sie tun.“ Der Doktor fröstelt – sein Status wird durch diese milde Bemerkung wie von einem Erdbeben erschüttert. „Oh“, sagt er ziemlich kühl, „wie lange sind Sie hier schon als Patient?“ Der Schizophrene hat seinen Test beendet und erwidert: „Ich bin hier geboren.“ Er macht diese Aussage so ernsthaft, als würde er sie selbst glauben. „Hier geboren?“, echot der Doktor, von der Ernsthaftigkeit so verwirrt, dass er die Worte des Patienten nur wiederholen kann. „Wie alt sind Sie?“ „Einhundertsiebenundachtzig“, sagt der Schizophrene. Der Doktor hat nun plötzlich das verlorene Gefühl eines Menschen, dem der Verdacht kommt, verschaukelt und provoziert zu werden, aus sich einen Narren gemacht zu haben und sich dessen doch nicht ganz sicher sein zu können. Wut und Verzweiflung, die meist nur mühsam unterdrückt werden können, sind in der Regel das Ergebnis eines solchen Gesprächs.

Der Arzt findet sich ständig provoziert, Sachen zu sagen, die er eigentlich nicht sagen will. Wie ein Beifahrer bei einer wilden Fahrt bergab sich am Türgriff festklammert, so kann er sich nur an seinem schwankenden Status festhalten.

Dieses Beispiel einer typischen Interaktion zeigt die schnelle Wahrnehmung und die außergewöhnlichen interpersonalen Fähigkeiten des Schizophrenen. Wenn es Wettkämpfe für Schizophrene gäbe, würden sie lauten: „Wer entdeckt am schnellsten, ob er einen geeigneten Gegner vor sich hat?“ Hat die Therapie erst einmal diesen guten Start hinter sich, braucht der Schizophrene sich nur noch darauf zu konzentrieren, sie am Laufen zu halten. Er tut dies, indem er verhindert, dass im Therapeuten zu viel Angst und Verzweiflung entstehen, während er gleichzeitig nichts zulässt, was in Richtung Erfolg gehen könnte. Da die Assistenzärzte alle paar Monate wechseln, ist es günstig, nach einiger Zeit den Eindruck zu erwekken, man sei fast geheilt, so dass der Arzt seinen Nachfolger ermutigen kann, die Behandlung fortzusetzen. Einige Schizophrene können acht bis zehn Psychotherapeuten schaffen, wobei jeder Einzelne von diesen das Gefühl gehabt haben mag, kurz vor dem Durchbruch gestanden zu haben.

In der Psychotherapie kommen die Fähigkeiten des Schizophrenen auf unterschiedliche Weise zum Zuge. Er muss den Therapeuten stimulieren und ihn kommen lassen, andererseits muss er aber auch genügend aufreizende Schwierigkeiten anbieten, um ihm das Gefühl zu vermitteln, dass seine Fähigkeiten angemessen herausgefordert werden. Um den Therapeuten am Angelhaken zu halten, bedarf es der Vermeidung jeder direkten Konfrontation mit dessen kläglicher Unfähigkeit. Das gebietet allein schon die Höflichkeit. Hat sich der Therapeut beispielsweise verspätet, kommt jedoch nicht auf den Gedanken, sich zu entschuldigen, ist es nicht korrekt, ihn mit seiner Unhöflichkeit zu konfrontieren. Vielleicht würde er ansonsten auch fliehen – wie früher die Mutter, wenn sie direkt mit ihrem schlechten Verhalten konfrontiert wurde. Stattdessen muss der Schizophrene eine Geschichte erzählen, die es dem Therapeuten erlaubt, seinen Fehler einzugestehen, ohne deshalb sein Gesicht zu verlieren. Der Patient kann beispielsweise sagen: „Heute morgen war ich mit meinem U-Boot unterwegs. Wir sollten das Tankboot bei Madagaskar treffen, aber unglücklicherweise ist das Schiff von einer Atombombe getroffen worden und hat es kaum geschafft, mit seinen chinesischen Halbmastflaggen einzutrudeln." Diese komplexe Aussage eröffnet dem Therapeuten einen Ausweg. Er kann nun sagen: „Es tut mir leid, ich bin heute zu spät gekommen", oder er kann diskutieren: „Nein, Sam, Sie wissen doch, dass Sie heute morgen nicht auf einem U-Boot waren, Sie waren doch hier im Krankenhaus." Die Erkenntnis des Therapeuten, dass hinter all dem mehr stecken könnte, als das bloße Auge sieht, zeigt folgende Aussage: „Jetzt wollen wir doch mal versuchen zu verstehen, warum Sie dachten, Sie seien auf einem U-Boot. Was bedeutet ein U-Boot für Sie?"

Schließlich muss sich der Schizophrene stets darüber auf dem Laufenden halten, welche psychiatrische Ideologie gerade „in" ist, damit er die jungen Ärzte im Hinblick auf die Theorien, die sie lernen müssen, unterstützen kann. In einer Zeit, in der die Genitalsymbolik modern ist, muss der Patient über entthronte Könige und verheiratete jungfräuliche Königinnen sprechen und jedes Mal, wenn er seine Mutter erwähnt, vage an seiner Hose reiben. Ist genitaler Symbolismus „out" und wird dafür oraler Symbolismus in der Ausbildung bevorzugt, muss sich der Patient an orale Metaphern anpassen. Er erwähnt dann den Zement in seinem Magen und das Weiß der Milch, er kann dem wachen Auge des Psychiaters Zeichnungen mit undeutlichen brustähnlichen Gebilden anbieten und macht gelegentlich mit seinen Lippen saugende Bewegungen, um den Therapeuten zu stimulieren. Der geschickte Schizophrene kann die Interessen des Therapeuten auch an den kleinsten Zeichen ablesen; ihm genügt ein kurzes Aufleuchten der Augen, wenn ein bestimmtes Symbol erwähnt wird, das in die Theorie passt. Geht sein Steckenpferd mehr in Sullivans Richtung, muss der Patient geschickter sein. Wenn der Therapeut mit seiner zwischenmenschlichen Abwehr kämpft und dem Patienten entdecken hilft, wie er mit anderen umgeht, muss der Patient zwischenmenschliches Verhalten anbieten, das auch von einem unerfahrenen Therapeuten leicht interpretiert werden kann. Er verschränkt dann beispielsweise die Arme, schlägt die Beine übereinander und dreht den Kopf weg, so dass der Therapeut herausfinden kann, dass er eine Mauer zwischen ihnen aufbaut und ihre zwischenmenschliche Beziehung stört. Der Patient wird jedoch nicht nur dem Therapeuten zu helfen versuchen, sondern gerade den Neulingen gelegentlich auch zeigen, dass sie noch viel zu lernen haben. Fühlt sich der Bursche in seinem therapeutischen Scharfsinn dann ganz groß, kann ihn der Schizophrene gedankenvoll anstarren, dann wegschauen und sagen: „Es gibt einige Menschen auf der Welt, die einen homosexuellen Standpunkt haben." So ein Kommentar trifft jeden empfindsamen Arzt und bewirkt, dass er sich durch den Tag schleppt und über seine unbewussten Wünsche nachdenkt.

Die Chance, dass ein Schizophrener in einem psychiatrischen Krankenhaus einem geschickten Therapeuten begegnet, ist gleich null. Das letzte Mal, dass so etwas vorkam, soll in Buffalo im Jahre 1947 gewesen sein. In einem solchen Fall muss ein Schizophrener sämtliche Fähigkeiten mobilisieren. Er muss den Therapeuten gegen das Personal ausspielen, muss jeden schwachen Punkt ausnützen, er muss mit einem Wort um sein Leben kämpfen. Wenn alles nichts hilft und er schließlich als geheilt entlassen wird, muss er zu seiner Familie gehen, die schon am Tor auf ihn wartet. Inzwischen hat diese Familie entdeckt, dass ihr Kind eine Last ist, die die Familie zusammenhält. Daher beteuert sie, wie willkommen er ist, ohne dass sie ihn tatsächlich bei sich haben möchte. Sollte eine Familie den Patienten tatsächlich willkommen heißen, hat sie während seiner Abwesenheit ihre Kräfte neu arrangiert. Vielleicht plant sie, die verlorene Zeit aufzuholen, und übergibt ihm das Geschäft. Sollte der Patient so verrückt sein und normal werden, steht er allerdings einer Gesellschaft gegenüber, die ihn auf die schwarze Liste gesetzt hat, weil er die Krankenhausbehandlung akzeptiert hat.

Die Psychiatrie befindet sich heute inmitten revolutionärer Veränderungen, was sie teilweise sicherlich den Schizophrenen zu verdanken hat. Eine Gesetzesinitiative fordert die Schließung der psychiatrischen Einrichtungen und schlägt vor, dass dafür in den allgemeinen Krankenhäusern Notfallstationen eingerichtet werden, in denen die Leute bei Familienkrisen ein paar Tage bleiben können. Die Befürworter der Schließung argumentieren, dass die Schizophrenen wieder in ihre Familien zurückgehen sollten, die sie schließlich brauchen, und man die Psychiater zwingen sollte, sich mit den Kranken auseinander- und sie nicht einfach unter Medikamente zu setzen.

Die Befürworter des psychiatrischen Krankenhauses, eine Gruppe, die sich aus Patientenfamilien, Psychiatern mit ruhigen Privatpraxen und solchen Menschen zusammensetzt, die in diesen Institutionen angestellt sind, wenden dagegen ein, dass eine derart radikale Veränderung übertrieben sei. Die Patienten seien krank und bräuchten medizinische Betreuung. Schließlich – so der moralisierende Teil dieser Gruppe – sei es unfair, den durchschnittlichen Psychiater in seiner ruhigen Privatpraxis mit einem Schizophrenen und seiner Familie zu konfrontieren.

Diejenigen, die für die Schließung der Krankenhäuser eintreten, berufen sich dabei auch auf die Schizophrenen. Ein Befürworter drückt es so aus: „Als sie noch zu Hause eingesperrt waren, dachte man, sie würden von der Krankenhausbehandlung profitieren. Nun müssen wir uns geschlagen geben. Trotz aller Reformversuche und neuer Methoden und Ansätze haben uns die Schizophrenen geschlagen. Wir sollten diese Tatsache zugeben und andere Wege finden, mit ihnen umzugehen." Auf einem Plakat, das vor einem psychiatrischen Krankenhaus angebracht war, stand zu lesen: „Die Patienten sollen aus den hinteren Stationszimmern heraus und in die hinteren Räume nach Hause zurückgehen!"

Die Kunst, eine therapeutische Null zu werden

Was bislang im Bereich der Therapie fehlt, ist eine Theorie des Misserfolgs. Viele Therapeuten ziehen kaum in Betracht, dass jeder Psychotherapeut Fehler machen könnte, wenn er nur wollte. Neuere Studien über die Erfolgsquoten bei Therapien haben gezeigt, dass Spontanheilungen weitaus häufiger sind, als bisher angenommen wurde. Übereinstimmend fand man, dass etwa 50–60 Prozent der Patienten aus der Wartelistenkontrollgruppe nach der Wartezeit die Therapie nicht mehr wollten und auch gar keine psychischen Probleme mehr hatten. Wenn wir davon ausgehen, dass diese Ergebnisse durch weitere Untersuchungen noch gefestigt werden, müsste ein Therapeut, der inkompetent ist, nur still dasitzt und sich ab und zu kratzt, letztlich eine Erfolgsrate von etwa 50 Prozent haben. Damit stellt sich jedoch die Frage, wie ein Therapeut unter diesen Bedingungen überhaupt zum Versager werden kann.

Das Problem ist nicht ganz so hoffnungslos, wie es auf den ersten Blick erscheint. Wenn wir von der Tatsache ausgehen, dass ein Therapeut bei der Hälfte seiner Patienten Erfolg hat, müsste eine Theorie des Misserfolgs in der Lage sein zu erklären, wie es dazu kommt, dass er bei der anderen Hälfte durchgängig falsch liegt. Wir können jedoch noch einen Schritt weiter gehen. Neuere Entwicklungen in der Psychologie weisen darauf hin, dass sich das Problem, wie Patienten von spontanen Fortschritten abgehalten werden können, durch den gezielten Einsatz bestimmter Techniken angehen lässt. Dazu ist es jedoch erforderlich, dass der Therapeut ein mehrjähriges Traningsprogramm durchläuft. An dieser Stelle wollen wir uns darauf beschränken, einen kurzen Überblick über die wichtigsten Handlungsschritte zu geben. Die Darstellung ist nicht umfassend. Sie beinhaltet jedoch Faktoren, die sich auf diesem Gebiet als wesentlich erwiesen haben und die auch von denjenigen Therapeuten in die Praxis umgesetzt werden können, die nicht besonders begabt sind.

1. Der sicherste Weg zum Erfolg besteht in der Kombination verschiedener Fehler.

   Schritt A: Bestehe darauf, dass das Problem, das der Patient mit in die Therapie bringt, nicht wichtig ist. Weise es als bloßes „Symptom" zurück und lenke das Gespräch in andere Bahnen. Auf diese Weise vermeidet es der Therapeut, untersuchen zu müssen, was den Patienten wirklich stört.

   Schritt B: Weigere dich, das beschriebene Problem direkt zu behandeln. Biete andere Darstellungen an, wie beispielsweise die Idee, dass Symptome „Wurzeln" haben, um auf diese Weise das Problem, für dessen Behandlung der Patient bezahlt, zu umgehen. Dadurch steigen die Chancen, dass der Patient nicht geheilt wird.

   Schritt C: Bestehe darauf, dass sich etwas Schlimmeres entwickeln wird, sollte sich das bestehende Problem verbessern. Dieses Märchen ermutigt den Patienten, vor der Heilung Angst zu bekommen.

   Befolgt er diese drei Schritte, wird wahrscheinlich jeder Psychotherapeut unfähig, wie groß auch immer sein natürliches Talent sein mag. Alles, was er zu tun hat, ist, das von dem Patienten vorgebrachte Problem nicht ernst zu nehmen, auf keinen Fall zu versuchen, es zu verändern, und nach Möglichkeit Befürchtungen zu wecken, dass eine Verbesserung des Problems katastrophale Folgen haben könnte.

   Man sollte annehmen, dass allein die Beachtung dieser Kernideen Psychotherapeuten zu Nieten macht; die Experten haben jedoch erkannt, dass dazu noch weitere Schritte nötig sind.

2. Es ist wichtig, Diagnose und Therapie zu vermengen. Ein Therapeut klingt dann kompetent und wissenschaftlich, ohne damit einen Erfolg bei der Behandlung zu riskieren, wenn er eine diagnostische Sprache benutzt, die es unmöglich macht, an therapeutische Verhaltensweisen zu denken. Er kann beispielsweise sagen, dass ein Patient passiv-aggressiv ist, ein tiefes Abhängigkeitsbedürfnis hat, ein schwaches Ego oder überlagerte

Impulse. Mit dieser Art Sprache kann garantiert keine therapeutische Intervention formuliert werden.

3. In der Therapie sollte nur eine einzige Methode angewandt werden – ungeachtet dessen, wie komplex das zu behandelnde Problem ist. Patienten, die sich nicht der Methode angemessen verhalten, sollten als unbehandelbar angesehen werden und sich selbst überlassen bleiben. Hat sich eine Methode als ineffektiv erwiesen, darf sie nie aufgegeben werden. Jegliches Ausprobieren von Variationen ist scharf zu verurteilen. Falls dies aber doch jemand tut, kann man ihn als latenten Laien bezeichnen.

4. Theoretisches Wissen über die Tätigkeit des Therapeuten bzw. das Problem therapeutischer Veränderung ist nicht erforderlich. Es ist untherapeutisch, einem Patienten Anleitungen zur Veränderung zu geben: Er könnte sie möglicherweise befolgen. Vertretbar ist lediglich die Aussage, dass Veränderungen spontan eintreten – vorausgesetzt, Therapeut und Patient verhalten sich richtig. Als Teil der allgemeinen und notwendigen Verwirrung ist es hilfreich, Therapie als einen Vorgang darzustellen, bei dem man herausfindet, was ein Mensch falsch macht und warum er so verdorben ist. Auf diese Weise lassen sich unvorhersehbare Wünsche nach Veränderung im Keim ersticken. Gegebenenfalls sollte man darauf bestehen, dass Veränderungen aus dem Inneren des Patienten kommen, so dass sie außerhalb des Beobachtungsbereichs liegen und nicht untersuchbar sind. Bezieht man sich rechtzeitig auf die „tief liegenden Strukturen", brauchen Fragen über den widerlichen Aspekt der Therapeut-Patient-Beziehung gar nicht erst aufzukommen. Auch ist es nicht notwendig, im Hinblick auf die Frage der Veränderung wichtige Personen einzubeziehen, wie beispielsweise die nächsten Angehörigen.

   Sollten Therapeuten in Ausbildung, die noch über keine ausreichende Erfahrung verfügen, darauf bestehen, Anweisungen zu Veränderungen zu geben, und sollte es nicht genügen, über ihre ungelösten Probleme das Gesicht zu verziehen, müssen ihnen allgemeine, mehrdeutige, nicht überprüfbare Ideen angeboten werden. Beispielsweise kann man sagen, die therapeutische Aufgabe bestehe darin, das Unbewusste ins Bewusstsein zu heben. Damit definiert man die therapeutische Aufgabe, eine hypothetische Einheit in eine andere zu transformieren. Keinesfalls entwickelt sich daraus eine handhabbare therapeutische Technik. Dieser Ansatz verhilft dem Patienten unter Umständen dazu, Dinge über sich, besonders im Hinblick auf frühere Traumata, zu „sehen", womit man keine Veränderung riskiert.

Als Grundregel sollte den auszubildenden Therapeuten eingeschärft werden, dass „Einsicht" und „affektiver Ausdruck" die Ursachen für Veränderungen sind, so dass sie spüren können, dass in der Sitzung – auch ohne riskante Erfolge – etwas passiert. Regt sich dagegen Widerstand, ist eine verschwommene Diskussion zum Thema „Arbeiten durch Übertragung" sinnvoll. Das verhilft jungen Therapeuten nicht nur zu einer intellektuellen Katharsis, sie können dann auch die Übertragungen interpretieren, womit sie etwas zu tun haben.

5. Nur eine langjährige Therapie kann einem Patienten wirklich helfen.

   Dieser Grundsatz gilt für diejenigen Patienten, die vorgeben, während der Therapie gesund zu werden. Kann man sie überzeugen, dass sie noch nicht wirklich geheilt, sondern sozusagen in die Gesundheit geflüchtet sind, ist es möglich, ihnen zu helfen, krank gesund zu leben und sie in langfristiger Behandlung zu behalten. (Erkläre immer, dass nur eine Langzeittherapie wirklich heilen und von allen Problemen für immer befreien kann.) Glücklicherweise kennt der therapeutische Bereich keine Theorie der Überdosierung, so dass ein geschickter Therapeut – ohne den Protest seiner mehr oder weniger eifersüchtigen Kollegen befürchten zu müssen – einen Patienten durchaus zehn Jahre lang vom Gesundwerden abhalten kann. Therapeuten, die 20 Jahre lang ausprobieren, sollte man zu ihrem Mut gratulieren.

6. Um Patienten von einer eventuellen Spontanheilung abzuhalten, kann es nützlich sein, vor der zerbrechlichen menschlichen Natur zu warnen und darauf hinzuweisen, dass psychotische Schübe oder Alkoholabhängigkeit die Folgen von Fortschritten sein könnten. Sollten Patienten auch in Langzeittherapien Fort-

schritte machen, können sie durch eine Gruppentherapie davon abgehalten werden.

7. Um Patienten vom Fortschritt abzuhalten, sollte der Therapeut in einem weiteren Schritt sein Augenmerk auf die Vergangenheit des Patienten richten.

8. Eine andere Möglichkeit, dieses Ziel zu erreichen, besteht darin, das Widerlichste am Patienten hervorzuheben und zu interpretieren. Auf diese Weise lassen sich Schuldgefühle wecken, aufgrund derer der Patient weiter in der Therapie bleibt.

9. Die vielleicht wichtigste Regel lautet, die reale Welt, in der der Patient lebt, zu ignorieren und demgegenüber die lebenswichtige Bedeutung der Säuglingszeit, der inneren Dynamik und des Phantasielebens zu betonen. Das wird sowohl den Therapeuten als auch den Patienten davon abhalten, Veränderungen in der Familie, bei Freunden, in Schule oder Nachbarschaft oder in der Behandlungsumgebung durchführen zu wollen. Solange sich die Situation nicht ändert, sind keine Fortschritte zu befürchten. Interessanten Phantasien zuzuhören und über Träume zu reden sind dabei gute Mittel, die Zeit totzuschlagen. Genauso gut ist es, mit der Reaktion auf verschiedene Medikamente zu experimentieren.

10. Mittellose Patienten sind zu meiden, denn sie werden auf Resultate pochen und lassen sich nicht mit beeindruckenden Gesprächen ablenken. Auch Schizophrenen sollte man aus dem Weg gehen – es sei denn, sie stehen voll unter Medikamenten und sind sicher in einer psychiatrischen Anstalt eingeschlossen. Denn wenn ein Therapeut mit einem Schizophrenen an der Schnittstelle zwischen Gesellschaft und Individuum umgeht, riskieren beide, Therapeut und Patient, Fortschritte.

11. Von großer Wichtigkeit ist es, die Definition therapeutischer Ziele so weit wie möglich von sich zu weisen. Denn setzt der Therapeut ein Ziel, fragt möglicherweise einmal jemand, ob es erreicht wurde. Sollte es dennoch notwendig werden, ein Ziel zu formulieren, muss die Aussage so unklar, mehrdeutig und

esoterisch sein, dass derjenige, der es irgendwann einmal zu überprüfen versucht, um seinen Verstand fürchten muss.

12. Es kann nicht oft genug betont werden, dass eine Überprüfung von Therapieergebnissen um jeden Preis vermieden werden sollte. Nur wenn man die Ergebnisse geheim hält und systematische Nachuntersuchungen hintertreibt, kann man sicher sein, dass die therapeutischen Techniken nicht verbessert und die alte Literatur nicht in Frage gestellt werden. Irren ist menschlich, und in diesem Beruf wird es immer ein paar abweichlerische Individuen geben, die beharrlich versuchen, Untersuchungen durchzuführen. Sie sollten sofort verdammt und in psychoanalytische Behandlung gegeben werden. Man sollte solche Leute wegen ihres Verständnisses, was Therapie wirklich ist, als oberflächlich bezeichnen; vereinfachend, wenn sie Symptome statt der tiefliegenden Persönlichkeitsproblematiken betonen, und künstlich in ihrer Einstellung zum menschlichen Leben. Man sollte sie routinemäßig von respektablen Instituten und von Forschungsgeldern ausschließen.

Dieses Programm der 12 Schritte auf dem Weg zur therapeutischen Null scheint den gut ausgebildeten durchschnittlichen Psychotherapeuten nicht zu überfordern. Um diesem Programm eine noch größere Breitenwirkung zu verschaffen, wäre es angebracht, es mit einem positiven Begriff zu belegen, wobei das Wort „dynamisch“ zu empfehlen ist, weil sein schwingender Klang die junge Generation anzieht. Man könnte von den Grundprinzipien der dynamischen Psychiatrie, der dynamischen Psychologie, der dynamischen Sozialarbeit usw. sprechen. Als Motto würden sich die „fünf S“ anbieten, die dynamische Fehler garantieren:

Sei passiv,
sei inaktiv,
sei nachdenklich,
schweige und
sei auf der Hut!

Zur Verteidigung der Psychoanalyse

Wer hätte gedacht, dass die Psychoanalyse schon so bald nach ihrem Tod vermisst werden würde. Wer hätte vermutet, dass nur ein Vierteljahrhundert nach ihrem Dahinschwinden im therapeutischen Bereich Trauer herrschen würde über den Verlust. Viele von uns waren damals einfach blind für den Wert der psychoanalytischen Theorie und Ausbildung. Wenn wir uns dagegen den heutigen Zustand der Psychiatrie und der therapeutischen Berufe im Allgemeinen ansehen, wird deutlich, wie rapide es in der Zwischenzeit mit dieser Profession abwärts gegangen ist. Lassen Sie mich die damaligen Verdienste der Psychoanalyse vor diesem Hintergrund würdigen.

Merkwürdigerweise sind die Vorgehensweisen, die den größten Widerstand hervorriefen, auch diejenigen, die am meisten vermisst werden. So warf man dem Analytiker beispielsweise vor, er handle falsch, wenn er nichts tue. Anstatt aktiv im Leben des Patienten zu intervenieren, besteht das psychoanalytische Handbuch auf dem Zuhören: „Alle anderen Handlungen außer dem Zuhören sind verboten. Gelegentlich kann es angebracht sein zu interpretieren, aber nur, wenn keine Gefahr besteht, dass die Interpretation in irgendeiner Form manipuliert oder direkt auf eine Veränderung hinwirkt."

Aus unserer heutigen Sicht fällt natürlich zuerst der Hauptverdienst ins Auge – der Therapeut wird davon abgehalten, jemandem zu schaden. Ein Professor für Psychoanalyse pflegte als Regel Nummer 1 an die Wandtafel zu schreiben: „Ein Arzt schadet nicht." Irrt und schadet er nämlich, dauert es lange, bis die Folgen korrigiert sind. Sehen wir uns jedoch die heutigen Psychiater an, scheint es, als ob diese Regel mitsamt der Wandtafel durch ein szaszianisches schwarzes Loch in den Weltraum hinausgewirbelt worden sei. Aber gehen wir der Reihe nach vor und untersuchen, was dem Gebiet im Einzelnen verloren ging.

Die Ausbildung

Der klassische Vorwurf, der der psychoanalytischen Ausbildung gemacht wurde, lautete, sie dauere so lange, dass sich letztlich nur mehr Ergraute in den Beratungsräumen aufhielten. Irgendwann einmal wird dann dem Analytiker sein Zeugnis ausgestellt, aber sein Augenlicht ist zu schwach geworden, um es lesen zu können. Witze dieser Art zeigen das Unverständnis vieler Menschen angesichts der langen und teuren Ausbildung zum Empfinden von Belanglosigkeiten. Entgegen Freuds Wunsch entschieden seine Nachfolger, die Psychoanalyse dem medizinischen Fachbereich anzugliedern. So musste man, wollte man in den Verein aufgenommen werden, eine lange medizinische Ausbildung absolvieren, bevor man auch nur irgendetwas aus dem Bereich der Psychodynamik zu hören bekam. (Allerdings öffneten die psychoanalytischen Institute später, als die verzweifelte Suche nach Kandidaten einsetzte, ihre Tore für Psychologen und andere Laien, doch war das eine Abweichung vom ursprünglichen Konzept.)

Aus unserer heutigen Perspektive hatte die Einschränkung, nur Kandidaten aus der medizinischen Fakultät zuzulassen, klare Vorteile. Zuerst einmal schränkte diese Voraussetzung den Beruf auf Menschen ein, die intelligent genug waren, um die medizinischen Prüfungen zu schaffen. Das mag zwar keine Brillanz erfordern, jedoch waren damit, im Gegensatz zu einigen anderen therapeutischen Berufen, Leute mit einem IQ unter 80 ausgeschlossen. Dazu kam, dass der Analytiker im Rahmen und als Bestandteil seiner medizinischen Ausbildung einige Jahre auf den Stationen der psychiatrischen Krankenhäuser verbringen musste. Auf diese Weise bekam er seine erste Einführung in die psychoanalytische Theorie, weil damals alle Vorgesetzten in den psychiatrischen Einrichtungen Psychoanalytiker sein mussten. Früher dachte man, das sei ungünstig, weil solche Abteilungschefs den Assistenzärzten in der Regel die Tatsache verheimlichten, dass es weltweit 102 Therapieschulen gibt. Der Unterricht beschränkte sich auf eine einzige Richtung: die Psychoanalyse. Heute ist die Geheimhaltung jedoch noch strenger. Die Leiter der psychiatrischen Abteilungen müssen inzwischen Psychiater-Biologen sein: Sie wissen nicht einmal, dass draußen in der Welt

Therapie durchgeführt wird, weshalb sie auch nicht anders können, als den Assistenzärzten das Wissen um Therapie vorzuenthalten. In einigen psychiatrischen Abteilungen wird Therapie als Wahlfach angeboten. In der Regel bleibt den Assistenzärzten jedoch neben dem Hauptfach, in dem sie sich damit beschäftigen, wie man das Arsenal chemischer Zwänge einsetzt, keine Zeit für derartige Kuriositäten. Einige Abteilungen verbieten es sogar, über Therapie zu diskutieren, so dass Interessierte (wie früher auch) gezwungen sind, an geheimen Treffen über Therapie teilzunehmen.

Viele Chefs der psychoanalytischen Abteilungen vor 30 Jahren erscheinen trotz ihrer offensichtlichen Vorurteile und Scheuklappen als weise und tolerante Männer, die heute in der Psychiatrie schmerzlich vermisst werden.

Nach der Universität und dem Aufenthalt in der Klinik tritt der Analytiker dem Psychoanalytischen Institut bei, wo er über Jahre hinweg Seminare absolvieren und eine Eigenanalyse erleiden muss. Freud war der Meinung gewesen, dass ein paar Monate Analyse einem jungen Menschen helfen könnten, seine Vorurteile kennen zu lernen. Zu dem Zeitpunkt, als die Psychoanalyse starb, dauerte die Selbstanalyse durchschnittlich sieben Jahre. Das bedeutete, Jahr für Jahr einige Tage in der Woche dazusitzen und über sich zu monologisieren. Was waren das für Zeiten, in denen man von der eigenen Wichtigkeit so überzeugt sein konnte!

Worin bestand nun der Vorzug dieser Art von Ausbildung in der Universität, in der psychiatrischen Klinik und im Institut? Ganz offensichtlich hatte sie vor allem den Sinn, den jungen Analytiker älter werden und Lebenserfahrung sammeln zu lassen, bevor er oder sie auf die Öffentlichkeit losgelassen wurde. Vergleicht man die Dauer der Ausbildung, ist es so, als würde man eine Hochschule mit einem Kindergarten vergleichen. Nachdem er die medizinischen Ausbildungsveranstaltungen durchlaufen und während eines kurzen Aufenthalts in der Psychiatrie den Medikamenteneinsatz kennen gelernt hat, kann ein Psychiater heute als fast noch Jugendlicher zu praktizieren beginnen. In anderen Berufszweigen kann man sogar noch jünger sein: Der Sozialarbeiter mit einem B. A. verbringt ein oder zwei Jahre in einer Schule für Sozialarbeit und kann dann die Erlaubnis zum Praktizieren erhalten. Bei der Ausbildung zum Therapeuten dauert es – im Gegensatz zum wissenschaftlichen Psychologen – etwas länger, doch sind die Absolventen dann nicht halb so alt wie die Psychoanalytiker. Heutzutage werden neue Arten von Therapeuten mit merkwürdigen Titeln zugelassen. Einige nennen sich Ehetherapeuten, andere Familientherapeuten, christliche Diener oder sozialpädagogische Psychologen. Nach einem Jahr Master's Degree werden sie, lediglich geübt im Umgang mit Gleichaltrigen, jedoch noch unerfahren in der Ehe und mit Kindern, auf die Öffentlichkeit losgelassen. Die schnelle Ausbildung ist verantwortungslos, vergleicht man sie mit der des Psychoanalytikers, der seine Jugend opfert und erst im hohen Alter auf Anerkennung hoffen darf.

Es wäre natürlich töricht zu behaupten, dass das Älterwerden der einzige Vorteil der langen psychoanalytischen Ausbildung ist. Schließlich werden diese Ausbildungsjahre damit ausgefüllt, etwas zu tun. Normalerweise verbringt man diese Zeit damit, mit den wunderlichen Menschen vertraut zu werden, die Behandlung brauchen. Der junge Analytiker lernt, eine Vielzahl von Patienten zu klassifizieren. Wie wichtig das ist, wird offensichtlich, wenn man die jungen Psychiater heute sieht, die sich mit den Ankündigungen im DSM III Diagnostic Manual beschäftigen und angesichts all der seltsamen Menschen um sie herum meist verwirrt sind. Natürlich liegt für den Psychoanalytiker der Hauptwert des Kategorisierens der Patienten darin, fähig zu sein, diejenigen zu erkennen, die man nicht in der Praxis haben will. Diese Fähigkeit, bekannt als das Landean-Prinzip, ermöglicht eine ruhige Privatpraxis mit Leuten, die sich benehmen, keine Unannehmlichkeiten machen und nichts oder nur wenig erwarten.

Demgegenüber entdecken junge Therapeuten heute so lange keine ungewöhnlichen Menschen, bis sie von ihnen in der Praxis überrascht werden, wo sie dafür verantwortlich sind, sie zu heilen. Jeder Sozialarbeiter und jeder Psychologe lernt in seiner Ausbildung mehr über Psychopathologie als viele Ehe- und Familientherapeuten, die von Berufs wegen nie in psychiatrischen Kliniken gewesen sind, wo sie die Vielzahl menschlicher Probleme hätten beobachten können. Im Gegensatz dazu wurde jedem Analytiker durch engagierte Lehrer nicht nur beigebracht, die Geisteskranken zu erkennen, sondern auch Möglichkeiten gezeigt, ihnen aus dem Weg zu gehen.

Die nondirektive Haltung

Neben den Beiträgen, die sie zum Älterwerden und zur Diagnostik geleistet hat, gibt es noch ein weiteres Gebiet, auf dem sich die

Psychoanalyse hervorgetan hat: Ich spreche von der nondirektiven Haltung. Nur ganz Naive meinen, dieser Begriff sei der Verlegenheit entsprungen, dass niemand wusste, was für Anweisungen überhaupt gegeben werden sollten. Der *Gregory Bateson-Preis* für den geschickten Einsatz von Macht in der Therapie gehört der Gruppe verliehen, die schon Tausende anwies, auf dem Rücken liegend zur Decke zu sprechen, während der Analytiker außerhalb ihres Sichtfeldes hinter ihnen sitzt. Es zeugt von beinahe unglaublichen Fähigkeiten, über viele Jahre hinweg so viele Menschen zu solch einem bizarren Verhalten zu veranlassen und dafür auch noch so viel Geld zu bekommen.

Der wichtigste Beitrag der Psychoanalyse im Bereich des Nondirektiven bestand darin, die soziale Rolle des Fachmanns zu definieren. Hier vermissen wir sie am meisten. Insofern der Analytiker nicht handelte, keine Anweisungen gab und jede Manipulation vermied, respektierte er das Individuum. „Denken wir gemeinsam darüber nach", war die einzige Intervention des Psychoanalytikers. Welche verrückten Ideen oder unglücklichen Pläne der Patient auch anbot, der Analytiker diskutierte sie mit ihm und suchte ihre Wurzeln in der Tiefe seiner unglücklichen Seele und seines Kindheitselends.

Der psychoanalytischen Theorie wurde angekreidet, dass sie im Inneren des Menschen mit all seinen Ängsten und Vorurteilen nur schreckliche Dinge sähe und von einem Unbewussten voll feindlicher und aggressiver Triebe und Konflikte ausgehe. Man vergisst dabei jedoch, dass die psychoanalytische Auffassung das Recht des Individuums auf all dies Schreckliche respektierte. Nachdem der Analytiker Bedeutung und Ursprünge der Symptome im Verlauf einer erfolgreichen Analyse erforscht hatte, entschied sich der Patient normalerweise, die Symptome zu behalten. Es war jedoch die freie Entscheidung des Individuums, weiterhin unglücklich zu sein. Wurde der Analytiker vom Patienten um Rat gefragt, gab er natürlich keinen und sagte, dass der Betreffende sich selbst eine Meinung bilden müsse. Auf gar keinen Fall gab der Analytiker Ratschläge; auch versuchte er nie, jemanden zu einer bestimmten Verhaltensweise zu ermutigen. Er wollte dem Klienten keine Lebensziele aufdrängen; ein solches Vorgehen hätte vom Analytiker eine Entscheidung verlangt, welches Verhalten für eine Person am besten sei. Der Patient sollte nur in eine fremde psychodynamische Weltsicht eingeführt und angeregt werden, über diese nachzudenken.

Diese freundliche Toleranz sucht man heute vergeblich. Was wir dagegen sehen, sind Therapeuten, die ihre Klienten auf eine sehr arrogante Art und Weise schubsen und drängeln. Ohne die Person und ihre Situation klar zu verstehen, beraten junge Therapeuten ihre Klienten, verwickeln sie in paradoxe Situationen und tricksen ihnen ihre Symptome weg. Im Allgemeinen scheuen sie sich nicht, dem Patienten zu sagen, wie er leben sollte. Sie verlangen von ihm, nicht depressiv zu sein, halten ihm seine Symptome vor und fordern von den Leuten, sich der Normalität anzupassen. Kein Analytiker hätte seine Sichtweise einem Patienten so aufgeschwatzt. Je einflussreicher die Therapietechniken werden, desto mehr käme es auf Weisheit an. Nostalgisch blicken wir auf den freundlichen Analytiker zurück, der einfach sagt: „Sie müssen selbst entscheiden, ob Sie Ihr Gehirn durchlöchern, aber ich werde Sie vermissen, wenn Sie es tun."

Der Familiengegner

Man hat die Unfähigkeit des Psychoanalytikers, mit Familien umzugehen, für einen Mangel gehalten. Rückblickend hatte dies aber auch seine positiven Seiten. Da er gelehrt worden war, Anwalt desjenigen Familienmitgliedes zu sein, das zu ihm kam, weigerte sich der Analytiker, mit irgendeinem anderen Mitglied der Familie zu sprechen. Diese extreme Haltung erschien damals töricht. Wie sieht das aber heute, aus unserer Perspektive aus? Die Annahme, dass ohne das direkte Einbeziehen der Familie Veränderungen normalerweise verhindert werden, trifft nur bedingt zu. Hat ein Therapeut mit der ganzen Familie zu tun, kann dies zur Folge haben, dass er sich hilflos mit ihnen herumschlägt und sie unter Umständen lange Zeit begleitet. Die Familie zu meiden beugt dieser Art von Teilnahme vor. Nicht alle Eltern sind freundlich, und wenn Eltern darauf bestehen, ihr Kind oder sich gegenseitig zu verletzen, muss sich der Therapeut entscheiden, auf welcher Seite er steht. „Ich stehe gegen das Netz der ganzen Familie", lautete die Position des Analytikers. Eine solche Haltung kann jedoch dazu führen, dass das pathologische Familiensystem nur eingefroren wird. Aber es platziert auch eine außenstehende Autorität auf die Seite des Opfers. Andererseits ließ sich der Analytiker natürlich auch nicht von Eltern oder Sozialarbeitern instrumentalisieren, die ihren schwierigen Nachkömmling am liebsten einsperren lassen wollten. Niemand konnte einen Analytiker davon überzeugen, irgendwelche Schritte zu unternehmen und das Kind irgendwohin zu geben. Stattdessen hat er mit jedem, der kam, reflektiert, was er dachte und tun wollte. Da er kein Vertreter der sozialen Aktion war, konnte der Analytiker nicht für derartige Absichten benutzt werden.

Schizophrenie

Wenn wir uns nun der Schizophrenie zuwenden, so wird uns hier besonders schmerzlich bewusst, wie sehr uns die Psychoanalyse fehlt. Vor einiger Zeit wurde dieses komplexe Thema in einer Fernseh-Talkshow behandelt. Einige Psychiater und ein Psychoanalytiker diskutierten über seelische Krankheiten. Die Psychiater vertraten verschiedene Schulen, waren sich aber alle darin einig, dass Schizophrene einen physiologischen Defekt hätten und Medikamente bekommen müssten, ohne Rücksicht darauf, wie sehr diese das Gehirn schädigten. „Schizophrenie ist eine Gehirnerkrankung", erklärte einer der Psychiater. „Natürlich ist es eine Gehirnerkrankung, das ist unbestritten", sagte ein anderer. „Nicht unbedingt", sagte ein Dritter, der Familientherapeut war, „weil es kein aktuelles Anzeichen für irgendeine Gehirnerkrankung gibt und noch niemand für seine Entdeckung den Nobelpreis gewonnen hat." Die anderen Psychiater riefen ärgerlich dazwischen, woraufhin dieser Mann schnell einlenkte: „Aber ich stimme zu, auch ohne solch ein Anzeichen ist eine Gehirnerkrankung wahrscheinlich die Ursache einer Psychose." – „Nicht wahrscheinlich, es ist, es ist, es ist Gehirnerkrankung!", riefen die anderen Psychiater einstimmig.

Als der Psychoanalytiker schließlich die Aufmerksamkeit des Moderators gewann, sagte er: „Ich bin mir über all das nicht sicher. Ich kannte eine Frau, von der jeder sagte, sie sei schizophren und habe eine Gehirnerkrankung. Ich redete mit ihr, und es schien mir deutlich, dass sie auf ihren Vater fixiert war. Sie war von ihm besessen, und ich denke, dass das die Wurzel ihres Verhaltens war und dass die Psychose ihren Ursprung in der Kindheit hatte."

„Nein, nein", riefen die Psychiater, „wenn sie psychotisch war, hatte sie eine Hirnerkrankung, eine Hirnerkrankung, Hirnkrankheit!"

„Aber ...", sagte der Psychoanalytiker.

„Hirnerkrankung, Hirnkrankheit!", riefen alle und trommelten auf den Tisch, bis der Psychoanalytiker aufgab.

In dieser wissenschaftlichen Debatte gab sich der Psychoanalytiker als Humanist zu erkennen, was ihn in dieser psychiatrischen Gruppe offensichtlich zu einer Kreatur aus der Steinzeit machte. Dieser Mann weckt in uns Erinnerungen an das goldene Zeitalter vor den anti-psychotischen Medikamenten, als freundliche Psychoanalytiker Einfluss hatten und ihre humanistische Sicht selbst in den psychiatrischen Krankenhäusern vertraten.

Auf die Frage, warum der Psychoanalytiker die Schizophrene als menschliches Wesen ansah, gibt es nur eine Erklärung: Die Ausbildung der Analytiker fand statt, bevor man damit begann, psychotische Menschen routinemäßig in ein Stadium des „Zombletums" zu medikamentieren. Schizophrene waren immer die großen Lehrer des psychiatrischen Personals. Die ersten therapeutischen Erfahrungen wurden mit Schizophrenen gesammelt, auch wenn diese dann später in der eigenen Praxis gemieden wurden. Schizophrene haben die Fähigkeit, einen Psychiater menschlicher zu machen. Ein junger Psychiater wird immer bescheidener und weiser, je intensiver er sich mit einem Schizophrenen beschäftigt, da dieser nicht nur mühelos seine Schwächen findet, sondern ihm auch die Möglichkeit gibt, sie selbst zu entdecken. Jeder weiß, dass die wahre Natur des Menschen von den Menschen erfahren wird, die verrückt sind.

Und wie stellt sich die Situation heute dar? Der junge Assistenzarzt in der Psychiatrie hat noch keinen Schizophrenen zu Gesicht bekommen, der nicht durch die Medikation stumpfsinnig geworden wäre. Neulich sagte ein junger Patient zu seinem Therapeuten: „Ich würde gerne die Welt in die Luft sprengen." Der Therapeut, ein psychiatrischer Assistenzarzt, geriet in Panik und rief – aus Angst, im Falle einer Explosion wegen eines Kunstfehlers belangt zu werden – nach mehr Medikamenten und Wärtern. Offensichtlich hatte der Assistenzarzt keine Erfahrung mit Schizophrenen, die nicht unter Medikamenten stehen. Da sie durch Medikamente außer Gefecht gesetzt sind, können Schizophrene ihre Aufgaben als Lehrer nicht mehr wahrnehmen. Die Folge ist, dass der gesamte Berufsstand leidet. Wie ließe sich ansonsten die Tatsache erklären, dass die psychiatrischen Stationsärzte unserer Generation nicht mehr über jene Weisheit verfügen, die den vorangegangenen Generationen zu eigen war? Nicht genug damit, dass jeder Schizophrene, kaum hat er das Krankenhaus betreten, unter Drogen gesetzt wird, nein, sobald irgendein Geisteskranker irgendwelche Phantasien oder Intelligenz zeigt, wird auch er sofort und erbarmungslos als psychotisch mit Gehirnerkrankung diagnostiziert und unter Drogen gesetzt.

Die Psychiater hoffen nach wie vor, irgendeine biologische Ursache für Geisteskrankheiten zu finden. Sollte ihnen das jemals gelingen, wären sie die Fürsten ihres Gebiets: Ähnlich wie Diabetes wäre Geisteskrankheit dann eine nachweisbare Krankheit. Das würde ihnen das Recht geben, alle Abweichler in der Bevölkerung bis hin zur Gefühllosigkeit zu medikamentieren. Wenn es ihnen jedoch nicht gelingt, eine biologische Ursache zu finden, droht ihnen das Schicksal, wie Ausgestoßene behandelt zu werden. Momentan können sie nur laut rufen: „Gehirnerkrankung, Gehirnerkrankung!", und die Dosierungen ihrer Medikamente erhöhen, um den Anschein zu erwecken, sie behandelten eine körperliche Ursache, da sie ja andernfalls nicht in dieser Form eingreifen müssten. Mittlerweile ist es zur Regel geworden, dass einige Psychiater einmal monatlich im *Time Magazine* verkünden, dass man nahe daran sei, eine biologische Ursache für Schizophrenie zu finden. Nachdem diese Publicity nun schon einige Jahre andauert, ist es nicht verwunderlich, dass viele Leute den Eindruck haben, dass eine biologische Ursache einfach existieren muss, was wiederum die Gelder in die psychiatrischen und medikamentösen Labors fließen lässt.

Von großer Bedeutung ist natürlich auch die Frage der Bezahlung. Psychiater standen lange Zeit vor dem Problem, dass sie nur einen Patienten pro Stunde behandeln konnten, was ihr potenzielles Einkommen beschränkte. Alle anderen Ärzte hatten die Einnahmen von mehreren Patienten pro Stunde. Die neue Generation der Psychiater hat jedoch einen Weg gefunden, um genauso gut dazustehen wie die anderen Ärzte. Sie halten A & P-Sitzungen ab, die so genannt werden, weil sie aus Aufputschpillen bestehen. Durch die Verschreibung von Medikamenten kann ein Psychiater nun vier oder fünf Patienten pro Stunde behandeln und damit vier- bis sechsmal so viel verdienen. Neuerdings nutzen moderne Psychiater auch willfährige Sozialarbeiter, um die Familie eines Patienten davon zu überzeugen, dass dieser unheilbar krank ist und immer Medikamente benötigen wird. Dieses vorbereitende Gespräch hat für den Psychiater den Vorteil, nicht soviel Zeit durch Überreden zu verlieren. Die gesparte Zeit kann er Gewinn bringend darauf verwenden, noch mehr Patienten zur Medikamentensprechstunde zu empfangen.

Den Psychoanalytikern wurde immer wieder der Vorwurf gemacht, ihre Behandlungen dauerten zu lange. Die Psychiater haben dieses Problem nicht. Sie können auf die vorteilhafte Theorie zurückgreifen, dass Patienten immer medikamentiert sein müssen. Damit kann der Patient ständig wieder einbestellt werden und muss sein Leben lang zahlen.

Das Ganze wäre vielleicht als guter Scherz zu betrachten, gäbe es nicht die Tatsache, dass die anti-psychotischen Medikamente Hirnschädigungen verursachen. Einer großen Anzahl von Menschen wird täglich ihr Gehirn damit durcheinander gebracht. Die Tardive Dyskinesie, eine neurologische Hirnschädigung, die in der Hälfte der Fälle unheilbar ist, breitet sich wie eine Epidemie in der Psychiatrie aus. Tausende und Abertausende von Menschen zittern und schütteln sich, beißen sich hilflos in die Zunge und grimassieren wie Idioten.

Dieses unkontrollierbare Verhalten ist eine von der Psychiatrie, insbesondere den A & P-Sitzungen verursachte Erkrankung, die als „psychiatrischer Parkinson“ bezeichnet wird. Die Erkrankung tritt auf, wenn anti-psychotische Medikamente gegeben und dann abgesetzt werden. Sieht der Psychiater beim Absetzen des Medikaments die Parkinson-Reaktion, setzt er es sofort wieder ein, um das Unglück ungeschehen zu machen. Das stoppt die Symptome, vergrößert aber den Hirnschaden, so dass später noch mehr unglückselige Symptome erscheinen. Später wird man sicher einmal in den so verursachten Schäden den biologischen Grund für die Geisteskrankheit vermuten. Viele mutige und experimentelle Psychiater fügen nun 8-jährigen Kindern einen Hirnschaden zu, wenn sie irgendeinen Vorwand finden, sie als autistisch zu bezeichnen oder sie sonst zu de-humanisieren. Inzwischen leiden immer mehr Psychiater an Alpträumen, in denen sie von einer riesigen Menge grimassierender, zitternder und vor sich hin murmelnder Gestalten verfolgt werden. Diese Unglücklichen haben nicht einmal mehr Psychoanalytiker, die ihnen helfen könnten, ihre Alpträume zu verstehen.

Vergleichen wir die Erklärungen eines modernen Psychiaters zum Thema anti-psychotische Medikamentierung mit denen eines Psychoanalytikers. Heute lernt jeder Psychiater, ständig Medikamente zu geben; die Frage ist nur, welche. Er wird die medikamentöse Behandlung folgendermaßen zu rechtfertigen versuchen: Zuerst einmal wird er sagen, dass ihn das Gerede um die Tardive Dyskinesie sehr verwirrt, weil er ihr nie begegnet ist. Er wird darauf bestehen, dass starke Medikamentation bei Psychosen und Depressionen nur deshalb Gehirnschäden verursacht, weil normalerweise falsch dosiert wird und im Übrigen Hirnschäden nur auftreten, wenn Leute 71 Jahre lang diese Medikamente bekommen. Sollte der Hirnschaden aber schon nach einer Woche auftreten, kann mit ihnen etwas nicht in Ordnung sein. Jeder, der Tardive Dyskinesie bekommt, sollte nicht verbittert seinen Psychiater verklagen, sondern bedenken, dass dies immer noch der Psychose vorzuziehen ist. Außerdem müssen Medikamente schon aus dem Grund eingesetzt werden, weil seit zwei Generationen kein Psychiater mehr gelernt hat, Geisteskrankheit ohne Medikamente zu behandeln. Schließlich, so wird der Psychiater anführen, besteht die Familie des Patienten auf Medikamenten, um ihn zu Hause zu behalten, wo er sich gut benehmen soll.

Und welche Haltung nimmt der Psychoanalytiker dieser Frage gegenüber ein? Sie ist einfach – Medikamente werden in der Behandlung nicht eingesetzt. Wie sehr vermissen wir heute doch diese grundlegende Weisheit. Analytiker geben Patienten keine Medikamente, selbst dann nicht, wenn die Patienten nahe daran sind, Verbrauchergruppen zu bilden oder sie zu lynchen. Wie könnte der menschliche Geist auch erkundet werden, wenn Medikamente ihn in dichten Nebel hüllen? Der Psychoanalytiker war außerdem so ausgebildet, dass er mit den Patienten über andere Dinge sprechen konnte als nur über Medikamentenwirkungen – und nicht wie die Psychiater heute, die nur hilflos dasitzen und ihre Spritzen hätscheln, wenn sie keine Tabletten geben können.

Im Rückblick sehen wir den Psychoanalytiker in der untergehenden Sonne in immer attraktiven Farben. Er war ein reifer Mann, wenn er seine Ausbildung beendet hatte. Als Diagnostiker war ihm ein breites Spektrum menschlicher Probleme bekannt; er war Anwalt der Rechte des Patienten gegenüber der Familie, dem Gericht und den Kollegen. Er war ein Wissenschaftler, der gelernt hatte, ohne Medikamente Schizophrene zu behandeln. Wo sind Männer und Frauen dieses Formats heute, wo wir sie so dringend bräuchten? Wenn die Psychoanalytiker nur gewusst hätten, wie man jemanden verändert, oder auch nur, wie man ein Symptom kuriert, sie würden bis heute im therapeutischen Bereich einen großen und positiven Einfluss auf uns alle ausüben.

Gedanken zur Rationalisierung der Therapie

Es ist erstaunlich, wie viele unterschiedliche Meinungen es darüber gibt, was Therapie ist und wie sie durchzuführen sei. Die Unterschiede zwischen den einzelnen Therapieschulen sind alles andere als klein, man stimmt sogar in grundsätzlichen Annahmen nicht überein. Unterschiede lassen sich bei fast jedem Aspekt finden.

Welches Ziel hat Therapie? Einige Therapeuten sagen, sie sollte Menschen mit pathologischer Symptomatik verändern, „normale" Menschen bräuchten sie nicht. Andere Therapeuten meinen, Therapie sollte Menschen helfen, ihre Bedürfnisse und Fähigkeiten zu entwickeln, wovon jeder profitieren könne.

Wie steht es um die Verantwortlichkeit des Therapeuten? Manche sagen, der Therapeut sei dafür verantwortlich, eine Veränderung zu bewirken, und müsse wissen, wie man das macht. Misserfolge beruhen demzufolge auf Fehlern des Therapeuten. Andere glauben, ihre Verantwortlichkeit bestehe darin, dem Klienten zu einer menschlichen Begegnung, wenn nicht sogar zu einer mystischen Erfahrung zu verhelfen und ihm zu ermöglichen, sich selbst zu verstehen: Ob sich der Klient allerdings ändert, hängt von ihm selbst ab. Einige Therapeuten halten sogar den Versuch, jemanden absichtlich zu verändern, für unzulässig.

Wie werden Veränderungen bewirkt? Dazu gibt es zwei extreme Meinungen. Einige Therapeuten glauben, dass man sich nur dadurch verändert, indem man sich selbst verstehen lernt; sie untersuchen gemeinsam mit ihren Klienten Hypothesen über deren Wesen. Im Gegensatz dazu glauben andere Therapeuten, dass nur Veränderungen des Verhaltens und der sozialen Situation wirkliche Veränderungen bewirken können, wobei der Frage, ob man sich selbst versteht, keine Bedeutung zugemessen wird. Möglicherweise finden sich in einer einzigen Klinik sowohl „kognitive Therapeuten“, die versuchen, die Ideen, Gedanken und Gefühle eines Menschen zu verändern, indem sie direkt darauf eingehen, als auch Therapeuten, die das Verhalten und die Beziehungen eines Menschen verändern wollen, da sie vermuten, dass sich nur so Ideen, Gedanken und Gefühle beeinflussen lassen. Wie kommt es zu solch unterschiedlichen Auffassungen zwischen Menschen, die doch im gleichen Bereich arbeiten und mit den gleichen Problemen konfrontiert sind? Man möchte fast vermuten, dass das menschliche Gehirn unterschiedliche Abteilungen hat, die nicht gut miteinander kommunizieren. Diese verschiedenen Teile werden sozusagen von den oben genannten Therapeuten repräsentiert.

Therapie scheint ursprünglich für ganz bestimmte Menschen entwickelt worden zu sein, nämlich für diejenigen, die sich ungewöhnlich verhalten und behaupten, sie könnten sich selbst nicht helfen. Oft sind sie verwirrt über das, was sie tun. Einige fühlen sich gezwungen, in einer bestimmten Art zu handeln, andere vermeiden es, wieder andere sind depressiv und können überhaupt nicht handeln. Manche können nicht essen, andere können nicht aufhören zu essen. Es gibt Menschen, die sich nicht in einem geschlossenen Raum, andere, die sich nicht in einem offenen Raum aufhalten können. Ihnen allen ist gemeinsam, dass sie der Meinung sind, sie könnten ihr Verhalten nicht kontrollieren. Oft sagen sie, sie wüssten, dass ihr Verhalten irrational sei. Es scheint, als ob der Teil ihres Gehirns, der ihre Handlungen erklärt, unabhängig oder sogar getrennt von den tatsächlich ausgeführten Handlungen sei.

Wollte ein theoretischer Ansatz das irrationale Verhalten von Menschen erklären, müsste er davon ausgehen, dass Menschen eigentlich zwei Gehirne haben. Das eine ist rational und vernünftig, das „andere“ ist unlogisch; es folgt irrationalen Ideen und Assoziationen. Das würde bedeuten, dass es ein rationales, bewusstes Gehirn gäbe, das nichts mit dem irrationalen Unbewussten zu tun hat.

Möglicherweise waren es Hypnotiseure, die gegen Ende des 19. Jahrhunderts aufgrund ihrer Beobachtungen die Idee des „Unbewussten“ entwickelt haben. Ein Hypnotiseur weist einen Menschen beispielsweise an, nach seinem Aufwachen zur Tür zu gehen und den Türknopf dreimal zu berühren. Dieser tut das. Fragt man ihn dann nach dem Grund, antwortet er nicht, „weil mir das der Hypnotiseur sagte“, sondern führt Gründe an, die irrational erscheinen, weil sie nicht zum hypnotischen Kontext gehören. So erklärt er vielleicht: „Ich muss regelmäßig Messing berühren, und dieser Türknopf ist aus Messing." Oder er sagt: „Ich wollte in diesem Moment nur etwas Rundes in meiner Hand fühlen." Da er sich nicht bewusst ist, dass er aufgrund einer Anweisung handelte, sucht er nach anderen Gründen.

Eine ganzheitliche Theorie des Gehirns ist nicht dazu in der Lage, ein solcherart gegensätzliches Verhalten zu erklären. Man nahm daher an, es müsse einen Teil des Gehirns geben, der außerhalb des Bewusstseins liegt. Man nannte ihn das Unbewusste und behauptete, dass dieser Teil sogar unlogische Rationalisierungen akzeptiert. Die Meinungen darüber gingen jedoch auseinander. Die Freudianer vertraten die Auffassung, das Unbewusste enthalte unglückliche Ideen und Konflikte. Die Hypnotiker um Milton H. Erickson dagegen behaupteten, dass das Unbewusste eine positive Kraft sei, die im besten Interesse des Menschen wirke. Beide Gruppen definierten es als außerhalb des Bewusstseins liegend.

Die angenommene Existenz des zweigeteilten Gehirns hatte nun auch Folgen für die Therapie. Man ging davon aus, dass irrationales Verhalten geheilt werden konnte, wenn jemand mit seinem Bewusstsein die Ideen seines Unbewussten untersuchte und die dahinter liegende Bedeutung fand. Das Irrationale erschien dann rational. Beispielsweise kann der bewusste Teil entdecken, dass das Vermeiden eines bestimmten Objekts in Wirklichkeit eine rationale Handlung ist. Eine Veränderung wird möglich, wenn man den Sinn hinter dem irrationalen Verhalten versteht. Dem lag die Überzeugung zugrunde, dass der erklärende Teil des Gehirns das Verhalten kontrolliert. Die von Sigmund Freud entwickelten Überlegungen basierten auf der grundsätzlichen Annahme, dass Menschen von unbewussten Ideen getrieben werden, die sich jedoch beeinflussen lassen. Bis in die 50er-Jahre war das ein zentraler Bestandteil der Therapie.

Die beiden neuen, großen Therapietheorien, Verhaltens- und Familientherapie, die auf den systemischen Ideen der Kybernetik aufbauen, schienen die Sache mit dem bewussten und unbewussten Gehirn ganz einfach beiseite zu legen. Die meisten Verhaltens- und Familientherapeuten gehen von der Annahme aus, dass Menschen sich nicht so verhalten, wie sie denken, sondern dass die Art, wie jemand denkt, das Ergebnis dessen ist, wie er sich verhält. Die

Verhaltenstherapeuten konzentrieren sich darauf, die Verstärkungen zu verändern, auf die die sich abweichend verhaltende Person reagiert. Der Familientherapeut nimmt sich vor, diejenigen Reaktionsweisen in der Familie zu verändern, die das abweichende Verhalten einer Person hervorrufen. Man ist hier der Meinung, dass ein Mensch weniger von seinem Unbewussten als durch das Verhalten anderer zu seinen Handlungen getrieben wird. Die Frage nach dem Denkprozess wird in diesen Ansätzen weitgehend ausgeklammert. Die Betonung liegt auf der Kommunikation. Ist ein Mensch gezwungen, auf verschiedenen Ebenen konfliktreicher Kommunikation zu reagieren, wie beispielsweise in Double-bind-Situationen, verhält er sich abweichend. Beim Versuch, sein Verhalten zu erklären, wird er rationalisieren. Man nimmt an, dass sein Verhalten normal und sein Denken rational werden, wenn sich seine Kommunikationssituation normalisiert. Dem liegt die Überzeugung zugrunde, dass der rationale Teil des Gehirns das Verhalten nicht beherrscht, sondern man bei einer Verhaltensänderung anders rationalisieren muss. Damit veränderten sich die auf diesen Prämissen basierenden therapeutischen Vorgehensweisen. Früher saß ein Therapeut bei einem einzelnen Klienten, ermutigte ihn zu sprechen und machte nur gelegentlich eine einsichtsvolle Bemerkung. Seine Aufgabe bestand darin, das Denken, die Ideen und Gefühle des Menschen zu verändern. Der ideale Therapeut war eine Art weiser Philosoph, der zuhörte, verstand, eine menschliche Begegnung möglich machte und Lebensweisheiten von sich gab. Im Gegensatz dazu gehen die neuen Therapien davon aus, dass ein Therapeut dafür zuständig ist, Veränderungen zu veranlassen, indem er den Menschen zu einem neuen Verhalten führt und in seiner näheren persönlichen Umgebung neue Reaktionsmuster organisiert. Der Therapeut spricht nur über den Sinn des Lebens, wenn er den Menschen dabei begleiten will. Er soll neue Verhaltensweisen vermitteln, die durch direkte und paradoxe Anweisungen eingeführt werden.

Es wird angenommen, dass sich im Zuge von Verhaltensänderungen nicht nur die Vorstellungen, sondern auch die Erinnerungen verändern. So wie eine Amnesie durch Hypnose eintritt, kann sie auch das Ergebnis der therapeutischen Beziehung sein. Je nach dem augenblicklichen Verhalten sprechen Menschen unterschiedlich über ihre Vergangenheit. Dadurch kann ein Therapeut die Vergangenheit eines Menschen ebenso verändern wie seine

Gegenwart (und seine Zukunft). Aus der Sicht der Verhaltenstherapie sind „unbewusste Dynamik" und berichtete Kindheitserfahrungen Grundprinzipien, die ein Mensch anbietet, der sein Verhalten erklären soll. Sie sind jedoch nicht in jedem Fall identisch mit „der Wahrheit" über die Vergangenheit. Verändert sich Verhalten, so verändern sich die Grundprinzipien, wodurch auch die Vergangenheit anders erscheint. Manchmal ist dieser Effekt sehr ausgeprägt. Wenn sich ein Symptom nach einer Kurztherapie gebessert hat, neigt die betroffene Person unter Umständen dazu, ihr Symptom rückwirkend zu bagatellisieren. Jemand, der unerträgliche Kopfschmerzen hatte, spricht nach ihrem Verschwinden in einer Art davon, als habe es sich um eine harmlose Angelegenheit gehandelt: „Oh ja, Kopfschmerzen hatte ich immer." Die Vergangenheit hat sich verändert.

Nun könnte man einwenden, dass ein Therapeut, der die Gegenwart verändert, möglicherweise nicht die Vergangenheit selbst beeinflusst, sondern nur die Erinnerung des Menschen – dass es mit anderen Worten eine „wahre" Vergangenheit gibt, die unterschiedlich wahrgenommen werden kann. Das wäre denkbar. Ebenso gut könnte es aber auch sein, dass die „wahren" Teile der Vergangenheit veränderbar sind. Erinnerungen zu verändern, hieße dann, die Vergangenheit selbst zu ändern. Wenn man sich nur darauf konzentriert, wie sehr jemand als Kind misshandelt wurde, wird die Vergangenheit insofern verändert, als der Missbrauch nun zum wichtigsten Ereignis wird – was vor der Therapie noch nicht der Fall gewesen sein mag. Bei der Entwicklung der neuen, sozialeren Therapien entstand parallel dazu keine neue Theorie der Psyche. Offensichtlich war die Idee nicht opportun, dass sich Menschen vernünftig verhalten. Ohne eine neue Theorie aber schienen die neuen therapeutischen Ansätze das Wesen der Psyche einfach zu ignorieren. Vielleicht ist das der Grund, warum Therapeuten dieser Schulen manchmal beschuldigt werden, oberflächlich oder sogar antiintellektuell zu sein.

Um diese Prozesse zu verstehen, benötigte man ein anderes Modell des menschlichen Geistes; eines, das den neuen Strategien der Veränderung und dem Handeln in einem komplexen sozialen Netzwerk angemessen war. Das Konzept des ganzheitlichen Geistes genügt nicht, wenn man davon ausgeht, dass es ein Verhalten gibt, das man nicht wahrnimmt. Die Unterteilung unseres Geistes in bewusst/unbewusst oder in das rechte/linke Gehirn ist für die

Erklärung zwischenmenschlichen Verhaltens offenbar nicht komplex genug. Mit Hilfe von Zeitlupenaufnahmen von Körperbewegungen und linguistischen Analysen fand man heraus, dass zwei Menschen während eines Gesprächs pro Minute 100 000 Bits an Informationen austauschen. Das verdeutlicht, dass eine einfache Dichotomie von bewusst und unbewusst nicht ausreicht, um mit einer derartigen Komplexität umzugehen. Ich erinnere an Gregory Bateson, der im Hinblick auf das Konzept Bewusstes/Unbewusstes bemerkte, er sei nicht darüber verwirrt, dass es ein Unbewusstes gebe, sondern wie es einen bewussten Geist geben könne: Wie kann man die Komplexität des sozialen menschlichen Austausches noch bewusst erkennen?

Um die neuen Komplexitäten und die verschiedenen Arten des unlogischen Verhaltens verstehen zu können, benötigen wir ein Konzept, das von der Voraussetzung ausgeht, dass das Gehirn aus verschiedenen Teilen besteht, die dazu tendieren, unabhängig voneinander und unabhängig von rationalem Denken und Erklärungen zu reagieren. Glücklicherweise entwickelt sich gerade ein neues Modell vom Gehirn, das von einer erhöhten Komplexität ausgeht – vielleicht als Reaktion auf die sozialen Veränderungen. Hirnforschungen zeigen, dass es aus einer Anzahl von Modulen mit unterschiedlichen Funktionen zusammengesetzt ist. Eines der Module ist darauf spezialisiert, Rationalisierungen oder Erklärungen bereitzustellen, warum der Organismus sich in dieser Weise verhält. Michael Gazzaniga schreibt dazu: „... das menschliche Gehirn ist modulartig organisiert. Unter modulartig meine ich, dass das Gehirn in relativ unabhängigen Funktionseinheiten organisiert ist, die parallel arbeiten ... Diese relativ unabhängigen Moduleinheiten können reales Verhalten hervorrufen ... Unsere Spezies hat eine besondere Gehirnkomponente, die ich den ‚Interpreten' nennen will. Obwohl ein Verhalten, das von einem dieser Module produziert wurde, während wir wach sind, zu jeder Zeit ausgedrückt werden kann, passt sich dieser spezielle Interpret an und konstruiert sofort eine Theorie, die erklärt, warum das Verhalten aufgetreten ist. Diese besondere Fähigkeit ... ist eine Komponente im Gehirn, die in der linken dominanten Hemisphäre rechtshändiger Menschen vorkommt." Und er fügt hinzu: „... wir scheinen mit einer endlosen Kapazität ausgestattet zu sein, Hypothesen aufzustellen, warum wir in irgendein Verhalten verwickelt sind" (1989, S. 18 ff.).

Dieses Modell des Gehirns gibt viele Antworten auf unsere, wenngleich vereinfachten Vermutungen über das Gehirn, die wir von einem Modell, bei dem das Gehirn aus zwei Hälften besteht, nicht bekommen. Wenn verschiedene Bereiche des Gehirns unterschiedliche Funktionen erfüllen und sie dies zudem unabhängig voneinander tun, kann es gelegentlich zu widersprüchlichem Verhalten kommen. Das Modul, das das Verhalten des Menschen rationalisiert, wird eine Erklärung bereithalten müssen, die dann unlogisch ist, wenn das Verhalten, das es zu erklären versucht, unlogisch oder widersprüchlich ist. In diesem Moment bezeichnen Menschen ihr Verhalten als irrational.

Wenn es zutrifft, dass der rationalisierende Teil des Gehirns wenig Einfluss auf das Verhalten hat und sich im Wesentlichen darauf beschränkt, ihm Sinn zu verleihen, würde dies viele Fragen beantworten. Die modulare Sicht des Gehirns erklärt, warum ein Mensch gewohnheitsmäßig symptomatisches Verhalten zeigen und gleichzeitig darüber verwirrt sein kann. Der rationalisierende Teil des Gehirns beobachtet ein Verhalten, das als Hilflosigkeit empfunden werden mag. Der Mensch handelt und ist verwirrt, oder er stellt Hypothesen auf, um der Handlung einen Sinn zu geben.

In dieser Beziehung ähnelt das Verhalten eines Menschen mit Symptomen dem eines Hypnotisierten. In beiden Fällen ist es in dem Sinne „unfreiwillig“, als der Mensch die Verantwortung für seine Handlung leugnet. Aufgrund dieser Ähnlichkeit führte man früher pathologische Symptomatik an Hypnotisierten vor, denn mit Hilfe hypnotischer Anweisungen können phobisches Verhalten, Zwänge, Amnesien und die verschiedenen Arten „unfreiwilliger“ Psychopathologie hervorgerufen werden. Mit diesem Modell lassen sich Disassoziationsprozesse erklären: Wenn ein Teil des Gehirns Verhalten als Reaktion auf Anweisungen organisiert, der interpretierende Teil des Geistes jedoch nur erklären kann, was passiert und wenig Einfluss auf das Verhalten hat, wird der Hypnotisierte bzw. der Patient mit den Symptomen gezwungen sein zu handeln und kann nicht erklären, warum.

Beim Einsatz von Hypnose in der Therapie werden die unterschiedlichen Funktionen von Rationalisierungsmodul und Verhaltensmodul genau beobachtet. Der Hypnotiseur führt in der Regel nicht nur ein bestimmtes Verhalten herbei, sondern er lenkt auch den rationalisierenden Teil des Gehirns ab. Denn die Hypothese, die das rationalisierende Gehirn über die Aktivität aufstellt, würde stören. Milton H. Erickson berichtet den Fall eines Mannes, der sich fürchtete, im Aufzug eines hohen Gebäudes zu fahren. Er wurde hypnotisiert und angewiesen, zu einer bestimmten Adresse zu gehen und sich dabei auf das Gefühl in seinen Fußsohlen zu konzentrieren. Seine ganze Aufmerksamkeit galt dem Gefühl in den Füßen. Er folgte den Anweisungen, und natürlich befand sich die Adresse in einem hohen Gebäude. Er musste mit dem Lift fahren, war dabei jedoch ganz mit dem Gefühl in seinen Fußsohlen beschäftigt. Seit dieser Zeit konnte er Lifte in hohen Gebäuden benutzen. Der interpretierende Teil seines Gehirns war von dem neuen Verhalten abgelenkt worden.

Ein anderer Weg, den rationalisierenden Teil des Gehirns abzulenken, besteht darin, eine Amnesie zu induzieren. Beispielsweise kann man zu einem guten Hypnosesubjekt sagen: „Heute ist Dienstag, aber es könnte auch ..." – nun verschiedene hypnotische Anweisungen geben und dann den Satz beenden – „... Mittwoch oder auch Donnerstag sein." Der Hypnotisierte wird vergessen haben, was in der Satzmitte gesagt worden ist. Das Gehirn scheint logisch weiterzugehen, indem es den Satz beendet. Was in der Mitte war, ist aus dem Bewusstsein verschwunden. Spontane Amnesie kann auftreten, wenn das Rationalisterungsmodul gezwungen ist, teilweise unerklärbares Verhalten zu erklären; man kann darauf einfach mit Vergessen reagieren. Viele Hypnosen gleichen einer Anästhesie des linken Gehirns.

Einige Therapeuten haben beobachtet, dass sich die Einsicht oder das Verständnis, was hinter einem Symptom steckt, nicht vor, sondern nach einer therapeutischen Veränderung einstellt. Unser Konzept des Gehirns könnte das erklären. Eine Veränderung des Verhaltens zwingt das Gehirn, Gründe für das neue Verhalten zu suchen. Die gefundenen Erklärungen werden versuchen, Vergangenheit und Gegenwart zu integrieren. Auf der Suche nach einer Erklärung dafür, warum ein Symptom nicht länger belastend ist, wäre es auch denkbar, dass die früheren Qualen, die mit ihm verbunden waren, verkleinert werden.

Es scheint, als ob sich über die Ursachen von Symptomen nur Vermutungen anstellen lassen. Beispielsweise nahm man an, dass Phobien durch frühere traumatische Ereignisse verursacht worden seien. Jemand, der sich vor Hunden fürchtet, nimmt an, dass er einmal von einem Hund gebissen wurde. Es gab sogar eine therapeutische Theorie, die davon ausging, dass eine Phobie in dem Moment verschwinden würde, in dem man sich wieder an das Ereignis erinnerte. Deshalb versuchte man, ein solches Ereignis herbeizuführen. Jedoch scheint immer mehr dafür zu sprechen, dass ein Mensch mit einer solchen Phobie dieses auslösende Erlebnis nie gehabt hat. Leider hat niemand untersucht, wie die Menschen waren, bevor sie ihre Symptome bekamen. Wir können darüber nur spekulieren. Es ist durchaus möglich, dass eines der Module des Gehirns symptomatisches Verhalten organisiert und entwickelt, es jedoch unabhängig und nicht willentlich beeinflusst. Um noch einmal Gazzaniga zu zitieren: „Diese Module können berechnen, erinnern, Gefühle haben und handeln. Sie sind nicht mit der natürlichen Sprache und den kognitiven Systemen verbunden, die der privaten, bewussten Erfahrung unterliegen" (a. a. O., S. 99).

Das Scheitern und die endlose Dauer von Einsichtstherapien sind nicht weiter verwunderlich, wenn man davon ausgeht, dass das Rationalisierungsmodul des Gehirns wenig Einfluss auf das Verhalten hat und letztendlich nur kreative Hypothesen für dessen Erklärung entwirft. Eine Therapie, die darauf abzielt, den Geist zu erklären und die Hypothesen über das Verhalten zu untersuchen, wird bei Intellektuellen besonders beliebt, aber wenig erfolgreich sein. Angesichts der Komplexität und Genialität des Gehirns würde die Erforschung der kreativen Hypothesen viele Jahre in Anspruch nehmen. Man sollte bedenken, dass Therapie von Intellektuellen geschaffen wurde und von Akademikern gelehrt wird, die glauben, dass Wissen und Selbstwahrnehmung die wichtigsten Dinge des Lebens seien. Bildet man nichtakademische Therapeuten aus, wird der intellektuelle Unterschied sofort deutlich. Wenn man jedoch jemanden verändern will, ist das mit einer Therapie, die sich darauf beschränkt, den Geist zu erforschen, nach diesem Modell nicht möglich.

Die Vorstellung verschiedener Module eröffnet den therapeutischen Techniken neue Wege. Die direkte Therapie beispielsweise versucht zu bewirken, dass sich Menschen, die zu Veränderungen bereit sind, anders verhalten. Das kann in der Beziehung zum Therapeuten geschehen oder dadurch, dass die Angehörigen des Klienten angewiesen werden, anders zu reagieren, und damit eine neue Reaktion erzwingen. Verändert sich das Verhalten, verändern sich auch die geistigen und emotionalen Prozesse, weil das Verhaltensmodul des Gehirns die mentalen Prozesse beeinflusst. Angenommen, diese Veränderung tritt ein, wenn neues Verhalten erforderlich ist, dann könnte man unter Umständen den rationalen Geist so beeinflussen, dass er sich aufgrund direkter Anweisungen verändert. Beeinflussung erscheint auf zweierlei Arten möglich, die, wenn sie das Verhalten schon nicht verändern, doch zumindest in das Denkmuster eines Menschen einbrechen und direktive Interventionen akzeptabler machen können. Es handelt sich um Paradoxien und Absurditäten. Um sich Paradoxem anzupassen, muss sich der Denkprozess ändern. Wenn ein Klient beispielsweise akzeptiert hat, in der Therapie verändert zu werden und dann die Anweisung erhält, so zu bleiben, wie er ist, findet er keine logische Möglichkeit, dies zu rationalisieren. Paradoxien dieser Art kommen in vielen Formen vor. Sie reichen von der Verstärkung eines Symptoms bis zum Verbot, sich zu ändern. Wenn sich etwas ändern soll, müssen nach meinen Erfahrungen jedoch einer Paradoxie implizite oder explizite Anweisungen folgen.

Man kann den rationalen Geist auch beeinflussen, indem man Unsinniges anbietet, also zu Ideen und Interventionen greift, die aus einem ganz anderen Kontext stammen. Um solch eine absurde Intervention zu rationalisieren, muss sich der Denkprozess ändern; dadurch wird der Klient unter Umständen offener, Interventionen auszuführen. Interessant ist, dass auch die hypnotische Trance sowohl das Paradoxe als auch das Unsinnige einsetzt. Hypnose selbst ist insofern paradox, als der Mensch *angewiesen* wird, sich *spontan* zu verhalten. Bisweilen wird der Hypnotisierte aufgefordert, auf eine absurde Anweisung zu reagieren, wie beispielsweise die, sich mit drei Armen zu sehen. Es scheint, dass der rationalisierende Teil des Gehirns auf die Paradoxie und das Absurde in der Weise reagiert, dass er sich vom Verhalten trennt. Damit wird das Verhalten für Veränderungen zugänglicher.

Für eine Therapietheorie, die Veränderungen durch paradoxe und absurde Interventionen hervorruft, scheint es in der westlichen Philosophie keinen Platz zu geben. Dafür gibt es Berührungspunkte mit dem Zen-Buddhismus, der offensichtlich auch keine Theorie des Geistes hat. Um Menschen aus ihrem über-intellektuellen Denken herauszulösen und sie mehr auf die Gegenwart als auf das Abstrakte zu konzentrieren, benutzen die Meister des Zen-Buddhismus paradoxe Fragen und unsinnige Interventionen (während sie Trance als Reaktion nicht akzeptieren). Viele von uns, die eine direktive, nicht-intellektuelle Therapie entwickelt haben, holen sich aus diesen alten buddhistischen Vorgehensweisen Ideen und Anregungen.

Inwiefern verändern sich die ethischen Fragen der Therapie mit dem hier beschriebenen Modell des Gehirns? Der Gedanke, dass man den Patienten informiert und sich dann die Einwilligung zu einem therapeutischen Vorgehen holt, basiert auf der Annahme, dass der rationale Geist des Patienten beurteilen und prüfen kann, was getan werden muss. Daher könnte man es als unethisch bezeichnen, den rationalen Geist, den Verstand des Patienten zu umgehen, oder diesen Teil so zu manipulieren, dass sich die Veränderung außerhalb des Bewusstseins vollzieht. Wenn der rationale Geist Einfluss auf das Verhalten hat, müsste man dann nicht auch sein Urteil akzeptieren? Wenn er nach wie vor Gründe liefert, um mit dem stressigen Verhalten fortzufahren, dann sollte dieser Teil des Gehirns wohl besser nicht abgelenkt werden und seinen Willen haben.

Ein Modell des Gehirns, das dessen interpretierenden Teil als dem Verhalten nachgeordnet begreift, ist für die langwierige Einsichtstherapie ethisch fragwürdig. Wenn die kognitive und Einsichtstherapie sich auf den rationalisierenden und interpretierenden Teil des Geistes konzentriert, befasst sie sich jedoch mit dem Teil, der den geringsten Einfluss hat. Deshalb ist ihr auch kein Erfolg beschieden. Ist es denn ethisch zu rechtfertigen, von einem Klienten für eine Therapie Geld zu nehmen, die den geringstmöglichen Effekt hat?

Die therapeutischen Techniken und Theorien haben sich in den letzten Jahrzehnten stark verändert. Diejenigen von uns, die eine Therapie vorziehen, bei der die Menschen gesagt bekommen, was sie tun sollen, und die sich auf die reale Welt und die Gegenwart bezieht, befanden sich jahrelang in der Defensive, obwohl die Therapien selbst sehr erfolgreich waren. Philosophische Therapeuten hielten uns vor, wir würden manipulieren, seien naiv und gingen nicht tief genug. Bislang konnten wir keine umfassende Theorie anbieten, die dazu in der Lage gewesen wäre, unsere Erfolge in der Praxis zu erklären. Allerdings werden uns nun Argumente für eine einfachere, direktive Therapie von einem Ansatz in der Hirnforschung geliefert, der von einem komplexeren Gehirn ausgeht.

Therapie – ein Rätsel?

Es gibt drei besondere Rätsel im menschlichen Leben. Was ist Schizophrenie? Was ist Hypnose? Was ist das Wesen einer Therapie? Diese Rätsel haben etwas gemeinsam. Bei allen dreien gibt es nämlich paradoxe Kommunikation, und zwar in einer Art und Weise, die Theoretiker ärgerlich macht, weil sie sie gern schwarz auf weiß haben möchten, wie Gregory Bateson immer sagte. Alle drei Phänomene sind umstritten, und zwar sowohl im Hinblick auf ihre Definition als auch ihr Wesen. Sogar ihre Existenz wird in Frage gestellt.

Das größte dieser Rätsel ist die Therapie. Ungeheure Geldsummen werden aufgewendet, um herauszufinden, wie man Menschen verändern kann. Die verschiedenen Therapieformen sind Gegenstand ständiger Erörterung, sowohl in der Wissenschaft als auch im Alltag. Ich möchte hier von meinen Abenteuern aus jener Zeit berichten, in der ich über diese Themen forschte und sie unterrichtete. Ich verdanke meine Sichtweise einerseits meinen Lehrern, insbesondere Milton H. Erickson, andererseits meiner eigenen Forschung, die mich zwar jahrelang verunsicherte und verwirrte, mir schließlich aber zu einer vernünftigen Einstellung zur Therapie verhalf.

Es war in den 50er-Jahren, als ich begann, mich mit dem Wesen der Schizophrenie, der Hypnose und der Therapie zu beschäftigen. In dieser Dekade erlebten alle drei Phänomene eine grundsätzliche Veränderung: Die interpersonelle Genese löste die individuelle ab. Zum ersten Mal, seit das Wort Schizophrenie geprägt worden war, sah man sie als Verhaltensreaktion auf eine Situation. Damit definierte man Familie und Krankenhauspersonal als Teil der Krankheit, was zum Begriff der therapeutischen Umwelt und zur Familientherapie führte. Auch Hypnose, die man bislang als Phänomen eines einzelnen Menschen angesehen hatte, wurde nun als Reaktion auf eine andere Person aufgefasst. Man betrachtete Hypnose nicht länger als Ergebnis der Wirkung von Magneten oder als Phänomen der Entspannung und des Schlafs, sondern als bestimmte Reaktion auf ein bestimmtes Verhalten des Hypnotiseurs.

Diese Dekade wurde durch Milton H. Erickson und seine besondere Methode der Trance-Induktion stark beeinflusst. Erstmals wurde Therapie als interpersonelles Phänomen begriffen. Zuvor hatten sich in der Literatur keine Hinweise darauf gefunden, was ein Therapeut in einer Sitzung eigentlich tat, weil er sozusagen nicht wirklich anwesend war. Im Brennpunkt stand allein der Patient mit seinen Hoffnungen und Träumen, seiner Vergangenheit und seinen Projektionen auf den Therapeuten. Nun entdeckte man, dass die Äußerungen des Patienten auch als Reaktion auf den Therapeuten und nicht nur als Bericht eines inneren Zustands gesehen werden konnten. Ich glaube, das erste veröffentlichte Gespräch einer Therapiesitzung, das sich nicht darauf beschränkte, Anekdoten zu erzählen, stammte von John Rosen aus dem Jahr 1948. Er hatte mehrere Gespräche, darunter auch ein Therapiegespräch mit einem als schizophren diagnostizierten Patienten, wörtlich abgedruckt. Nicht nur eine Falldarstellung, sondern den Dialog zweier Menschen vor sich zu haben, die in der Therapie miteinander sprachen, war sowohl für die Schizophrenieforschung als auch für die Therapie eine Offenbarung.

Zu dieser Zeit machte sich allgemein eine Tendenz bemerkbar, sozialer zu denken. Ethnologen studierten Tiere in ihrer natürlichen Umgebung, man begann sich für die Organisation von Abläufen in Gruppen zu interessieren. Man beobachtete Familien in ihrem Alltag, und zum ersten Mal wurde das Verhalten eines Therapeuten mit Hilfe audiovisueller Aufnahmeverfahren Teil der Beschreibung einer Therapie. Die Kybernetik als Wissenschaft von Selbstregulierungssystemen bot den theoretischen Rahmen für die zu untersuchenden Gruppenprozesse.

Harry Stack Sullivan hatte großen Einfluss auf diejenigen von uns, die Therapie als interpersonellen Prozess ansahen. Ich stand unter der Supervision von Don Jackson, der seinerseits Sullivan als Supervisor hatte. Die Veränderung im Denken dieser Zeit illustriere ich am besten, indem ich von einer Therapie mit einem stationären, als schizophren diagnostizierten Patienten berichte, den ich einige Jahre lang täglich therapierte.

Eines Tages begann dieser Mann unser Gespräch mit folgenden Worten: „Ich war heute morgen mit meinem Unterseeboot weg, und wir trafen den Tanker bei Madagaskar, aber unglücklicherweise wurde das Schiff von einer Atombombe getroffen und trudelte spät mit seinen chinesischen Fahnen auf Halbmast mühselig ein." Die damals übliche therapeutische Reaktion basierte auf der Überzeugung, dass der Patient, weil er im Krankenhaus eingesperrt war und kein U-Boot besaß, sein gestörtes Denken in seiner Phantasie zeigte. Man konnte sich nun fragen, ob er das alles rein zufällig sagte oder ob er damit eine symbolische Aussage machte, die auf Kindheitserfahrungen zurückging. Auf Anraten meines Supervisors sollte ich mir die Aussage daraufhin ansehen, welche Beziehung sie zu mir hatte. Ich erinnerte mich, dass ich an diesem Morgen zu spät bei ihm erschienen war. Die Bemerkung über den zu spät gekommenen Tanker konnte man als höflichen Kommentar zu meinem eigenen Zu-spät-Kommen auffassen. Mit höflich meine ich, dass er mir die Möglichkeit bot, entweder zu interpretieren, was U-Boote für ihn bedeuten, oder mich wegen des Zu-spät-Kommens zu entschuldigen. Das waren die Zeiten, in denen man von den Schizophrenen zu lernen versuchte, anstatt sie unter Medikamente zu setzen.

Gibt es Therapie?

Wenn wir uns heute die drei großen Rätsel ansehen, so ist es das der Therapie, welches die meisten Theorien und Innovationen nach sich zog. Wollen wir ein Gebiet untersuchen, greifen wir gern auf ein gut definiertes Feld zurück, auf dem wir Fakten sammeln und Hypothesen aufstellen können. Wenn wir therapieren lernen, möchten wir immer gern wissen, welche Fakten es gibt, welche Theorien sie erklären und welche Techniken am ehesten gut definierte Veränderungen ermöglichen. Als ich mit der Therapieforschung begann, bestand nicht einmal über das Untersuchungsgebiet Klarheit. Man fragte sich zum ersten Mal ernsthaft, ob Therapie wirklich in der Lage ist, etwas zu verändern. Gab es eine Korrelation zwischen dem Verhalten des Therapeuten und einer angestrebten Veränderung beim Klienten oder war Therapie eine Illusion? Das war trotz der Tatsache, dass sie schon lange und von berühmten Leuten praktiziert wurde, nicht auszuschließen. Wie viele wissenschaftliche Ansätze hatten sich schon als Irrtum herausgestellt. Erinnern wir uns beispielsweise an die Phrenologie, die Zuordnung des Charakters zur Kopfform. Diese Wissenschaft galt als bewiesen und hatte an den Universitäten viele Anhänger. Nationale und internationale Zeitschriften berichteten jahrelang über Forschungsergebnisse. Heute wissen wir, dass es sich um einen Irrtum gehandelt hat, aber es sollte uns allen zu denken geben, dass so viele intelligente Leute so lange irren können.

Und wie steht es um die Therapie? Hat sich ihre Situation gegenüber den 50er-Jahren verändert? Die Zahl der Therapeuten geht in die Tausende, und es gibt immer mehr Therapierichtungen. Doch in der therapeutischen Theorie und Praxis scheint man nicht viel sicherer geworden zu sein. Nach wie vor stehen wir vor der ungelösten Frage, ob Therapeuten überhaupt irgend jemanden beeinflussen.

Diese Frage war Gegenstand der Diskussion, als ich um 1950 mit meinen Forschungsarbeiten begann. Von besonderem Interesse waren die Untersuchungen von Spontanremissionen. Man beobachtete beispielsweise die Veränderungen, die während der Wartezeit auf einen Therapieplatz auftraten und fand, dass 40–60 Prozent der Wartenden ihre Symptome verloren. Zwar war die Wartelistenforschung umstritten, doch kam der Frage, wie viele Menschen ihre Probleme ohne Therapeuten lösen, große Bedeutung zu. Dazu kam, dass Spontanremissionen in der Wartezeit der Therapie gutgeschrieben wurden. Wenn wir davon ausgehen, dass rund die Hälfte der Patienten gesund wird, auch wenn der Therapeut seine Hände in den Schoß legt, hat er damit eine Erfolgsquote von 50 Prozent. Das könnte ihn natürlich zu einem besonderen therapeutischen Ansatz, dem Nichtstun, ermuntern. Die Unsicherheit über den Therapieeffekt wuchs nicht nur angesichts der Ergebnisse der Wartelistenforschung, sie wurde auch durch die zunehmende Entdeckung der Familie gefördert. Ich möchte die Art des Problems und die Veränderungen anhand eines Beispiels schildern.

Eine 19-jährige Frau war mir wegen ihrer stark zitternden rechten Hand überwiesen worden. Es war ein unkontrollierbares, intermittierendes Zittern, das trotz Therapie und verschiedener neurologischer Untersuchungen (ohne Befund) bereits ein Jahr lang bestand. Ich sollte das Symptom mit Hilfe von Hypnose heilen, während der Psychiater mit ihr weiter an den Wurzeln des Symptoms in ihrer Kindheit arbeitete. Das war ein etwas merkwürdiges

Arrangement, auf das ich damals aber manchmal einging. Ich fragte die junge Frau, was passieren würde, wenn sich das Symptom verschlimmerte. Sie sagte, sie würde ihren Job verlieren; sie hätte sogar Schwierigkeiten, einen Bleistift zu halten. Das veranlasste mich, das Symptom als interpersonal zu betrachten. Ich erfuhr, dass sie erst vor kurzem geheiratet hatte und ihr Ehemann sich nicht entschließen konnte, ob er nun arbeiten oder weiter zur Schule gehen sollte. In dieser Situation musste sie für den Unterhalt aufkommen. Das Symptom konnte damit möglicherweise als Eheangelegenheit betrachtet werden. Vielleicht stand es aber auch in einem noch größeren Zusammenhang. Ihre Eltern waren bis jetzt gegen ihre Heirat und wollten den jungen Mann nicht einmal kennen lernen. Täglich rief die Mutter ihre Tochter an und fragte, wann sie nach Hause käme. Diese wies sie darauf hin, dass sie nun verheiratet sei und ihre eigene Wohnung habe. Ihre Mutter meinte daraufhin: „Das geht nicht mehr lange“, und fuhr fort, anzurufen und die junge Frau zu ermutigen, ihren Ehemann zu verlassen und heimzukommen. Mir war die zitternde Hand nicht ohne das Verhalten des Ehemannes und die Einstellung der Familie erklärbar. Der Mann hatte möglicherweise das Gefühl, es seinen Schwiegereltern nie recht machen zu können. Was immer er arbeiten würde, nichts wäre für ihre Tochter gut genug. Ginge er hingegen zur Schule, würden sie behaupten, die Frau arbeite nur für ihn und seine Schule. Er war vermutlich ratlos.

Vorsichtig intervenierte ich in diesem Fall ein paar Mal und bewirkte tatsächlich eine Veränderung: Das Zittern der Hand hörte auf, der Ehemann ging arbeiten, und die Eltern begannen, die Ehe zu akzeptieren. Ich sonnte mich in meinem Erfolg. Dabei hätte mir eine andere Veränderung zu denken geben sollen, die schon während der Therapie nicht zu übersehen war: Die junge Frau war nämlich schwanger. Daraufhin verlor sie ihren Job, und ihr Mann musste arbeiten, um sie zu unterstützen. Die Eltern, die zwar die Tochter, nicht aber das Baby bei sich im Haus haben wollten, begannen, die Ehe zu unterstützen. Das Symptom verschwand. Da sie zu dieser Zeit in Behandlung war, wurde diese Veränderung der Therapie gutgeschrieben, und ich bekam meine Überweisungen. Ich bin jedoch der Meinung, dass dasselbe geschehen wäre, wenn die Frau auf der Warteliste gestanden hätte.

Dieser und andere Fälle halfen mir, meine Meinung aufzugeben, Symptome seien tief im Individuum verwurzelt. Sie schienen eher in einem sozialen Verbundsystem zu stehen. Ebenso wie sich Lebenssituationen verändern, können auch Symptome kommen und gehen. Allerdings steigt die Wahrscheinlichkeit positiver Veränderungen, je länger eine Therapie andauert – ganz unabhängig davon, was in der Therapie selbst geschieht.

Auch wenn die Wirksamkeit der Therapie noch so sehr bezweifelt werden mag, kann es vorkommen, dass das Vertrauen eines Therapeuten in seine Theorien dadurch nicht erschüttert wird. Unsere Sicherheit, durch Therapie Veränderungen zu bewirken, wird oft schon als Beweis dafür gesehen, dass dem wirklich so ist. Als ich damit begann, mich mit Therapien zu beschäftigen, lernte ich einige erschütternde Untersuchungen kennen, die mich Theorien gegenüber vorsichtig werden ließen. Alex Bavelas, ein Sozialpsychologe, beriet mich bei einem Experiment mit normalen und gestörten Familien. In eigenen Untersuchungen forschte er darüber, wie Menschen Theorien entwickeln. Ich möchte kurz über ein Experiment berichten, das er meines Wissens nie veröffentlicht hat.

In diesem Versuch gab Dr. Bavelas seinen Versuchspersonen ein Brett mit vielen Knöpfen und einer Lampe. Sie hatten die Aufgabe herauszufinden, welche Knöpfe gedrückt werden müssen, damit die Lampe anging. Die Versuchspersonen begannen nun, die Knöpfe zu drücken und dabei die Lampe zu beobachten. Nach einer Weile konnten sie das Licht anmachen, wenn sie die richtige Knopfserie drückten. Sie erklärten dann beispielsweise, zuerst einen Knopf in der oberen Ecke drücken zu müssen, dann einen in der unteren Ecke, dann einen in der Mitte zweimal und schließlich den drittletzten, damit das Licht anging. Sie konnten die Richtigkeit ihrer Theorie überprüfen, indem sie einfach die Knöpfe drückten und sahen, ob die Lampe aufleuchtete.

Als sie mit ihrer Aufgabe fertig waren, erklärte ihnen Dr. Bavelas, dass das Licht immer alle 20 Sekunden anging, ungeachtet der gedrückten Knöpfe. Sie hatten also nur die Illusion gehabt, dass ihre Handlungen ein Ereignis auslösten, das in Wirklichkeit unabhängig davon, was sie taten, auftrat. Diesen Menschen erging es wie dem Therapeuten, der der Meinung ist, mit der Therapie eine Veränderung bewirkt zu haben, die in Wirklichkeit jedoch das Ergebnis anderer Handlungen war. Einige von ihnen weigerten sich zu glauben, dass nicht sie es waren, die das Licht angemacht hatten. Je höher ihr Bildungsniveau war, desto sicherer waren sie, das Licht durch richtiges Knopfdrücken angemacht zu haben. (Manche gaben die Illusion erst dann auf, als sie selbst andere das Experiment machen ließen.) Nach diesen Erfahrungen war ich bei Klienten und Familien wesentlich vorsichtiger, wenn ich annahm, ein Muster gefunden zu haben.

In meiner Therapieforschung versuchte ich der Frage nachzugehen, ob wir Veränderungen tatsächlich so herbeigeführt haben, wie wir dachten. Die Tatsache, dass mehrere Generationen von Therapeuten an die Theorien und Ergebnisse geglaubt haben, sagt an sich noch nicht viel aus. Ich möchte in diesem Zusammenhang auf ein weiteres Experiment eingehen, das Dr. Bavelas zur Theorieentwicklung durchgeführt hat. In diesem Fall wies er die Versuchspersonen an, eine Theorie auf einem Gebiet zu entwickeln, das ihnen unbekannt war. Er zeigte ihnen Bilder von Zellen und erklärte, dass einige von ihnen krank, andere hingegen gesund seien. Ihre Aufgabe bestand nun darin, Vermutungen darüber anzustellen, welche Zellen krank und welche gesund waren. Da die Versuchspersonen nichts über gesunde und kranke Zellen wussten, konnten sie nur raten. Dr. Bavelas wollte ihnen dann jeweils sagen, ob sie richtig geraten hatten.

Tatsächlich handelte es sich bei den Zellen, die auf den Dias zu sehen waren, weder um besonders gesunde noch kranke. Sie waren rein zufällig ausgesucht worden. Dr. Bavelas informierte die Versuchspersonen in 60 Prozent der Fälle, dass sie richtig geraten hätten. Das heißt, in 60 Prozent aller Fälle wurde ihnen gesagt, dass sie die kranken und gesunden Zellen richtig identifiziert hätten. Diese Verstärkung hing nicht davon ab, was sie sagten, sie erfolgte unabhängig von ihren Antworten. Die Versuchspersonen sahen sich also eine Zelle an, äußerten dazu eine Vermutung, erhielten die Information, dass diese zutreffe oder nicht, sahen sich die nächste Zelle an und so fort. So begannen sie, eine Theorie zu entwickeln. Sie fanden, dass kranke Zellen einen kleinen Schatten hatten, die gesunden jedoch nicht. Da ihnen in 60 Prozent der Fälle recht gegeben wurde, fanden sie bald, dass eine Zelle mit nur einem Schatten nicht krank sein müsste. Daraus schlossen sie, es müsse noch ein anderes Kriterium geben. Sie entwickelten die Idee, dass eine kranke Zelle einen kleinen Schatten und ein kleines herunterhängendes Ding haben müsste. Und wieder hörten sie nur in 60 Prozent der Fälle, dass sie Recht hatten. Und so mussten sie im Laufe des Zellenstudiums die Komplexität ihrer Theorie darüber, was gesunde und was kranke Zellen sind, ständig erweitern.

Als das Experiment beendet war, bat Dr. Bavelas jede Versuchsperson, ihre Theorie über den Unterschied zwischen kranken und gesunden Zellen aufzuschreiben. Diese niedergeschriebenen Erklärungen gab er jeweils einer neuen Versuchsperson und sagte, die vorhergehende Person habe diese Theorie aufgrund ihrer Vermutungen ausgearbeitet. Die neue Versuchsperson wurde nun angehalten, diese Theorie anzuwenden oder, falls nötig, sie zu verbessern. Die neue Versuchsperson nahm nun diese Theorie und sah sich die Dias an. Auch ihr wurde in 60 Prozent aller Fälle gesagt, dass sie richtig geraten hätte, und so fand sie, dass die Theorie, die man ihr gegeben hatte, nur in etwa der Hälfte der Fälle richtig sei. Daher musste sie beim Raten ihre eigenen Umwege einbauen und schuf sich eine noch komplexere Theorie, die ebenfalls aufgeschrieben und an Versuchspersonen der mittlerweile dritten Generation weitergegeben wurde. Die neuen Versuchspersonen erhielten die gleiche Aufgabe. Sie sahen sich die inzwischen recht komplexe theoretische Beschreibung an und begannen, sie auf die Aufgabe anzuwenden, kranke oder gesunde Zellen herauszusuchen. Auch ihnen wurde in 60 Prozent der Fälle Recht gegeben. Natürlich fanden sie dann die Theorie nicht ganz passend und machten sie noch komplexer.

Als Dr. Bavelas der vierten Versuchspersonengeneration die gleiche Aufgabe gab, sahen diese sich die hochkomplexe Theorie an, sagten „zum Teufel damit" und verwarfen sie. Als sie dann selbst anfingen zu raten, stellten sie ihre eigene, wesentlich einfachere Theorie auf, die wieder zu 60 Prozent korrekt war. Hatten sie ihre eigene Theorie entwickelt, sollten sie sie aufschreiben und der nächsten Generation der Versuchspersonen weitergeben usw.

Dr. Bavelas fand eine Sinuskurve: Mit jeder Generation werden Theorien komplexer, bis eine Revolution eintritt, die die bisherigen Ansätze über den Haufen wirft. Immer wieder aufs Neue entstehen Theorien, die zunehmend komplexer werden, bis sie erneut verworfen werden. Ich denke, dies gilt auch für die Geschichte der Therapie. Gehen wir davon aus, dass jeder Therapeut – unabhängig von der Art seines therapeutischen Handelns – eine 50- bis 60-prozentige Erfolgsquote hat, beginnt er, Hypothesen zu entwickeln, wie seine Therapie wirkt. Stellen sich Misserfolge ein, werden seine Erklärungen komplexer. Gibt er sie dann der nächsten Generation weiter, stellt diese fest, dass seine Theorie nur in 60 Prozent aller Fälle richtig ist, und macht sich daran, sie zu verbessern. So wird sie der nächsten Generation weitergegeben. An einem bestimmten Punkt angelangt, sagen junge Therapeuten dann: „Wir wollen nochmals anfangen und die Sache neu überdenken." So entsteht wieder eine einfachere Theorie usw.

Ich denke, dass die Verhaltenstherapie aus einer Ablehnung der Theorien der Psychoanalyse heraus entstanden ist, die derart komplex geworden war, dass man sie kaum mehr verstehen konnte. Inzwischen ist die Verhaltenstherapie mit dem komplexen Lernen und den Kognitionstheorien immer komplizierter geworden.

Daher begannen viele von uns mit der Familientherapie als einem Versuch, eine einfachere Theorie aufzustellen und frühere, für die therapeutischen Aufgaben nicht relevante Ideen abzuwerfen. Inzwischen gibt es jedoch auch in der Familientherapie Tendenzen zur Entwicklung einer komplexeren Theorie.

Wir müssen die Möglichkeit in Betracht ziehen, dass unsere Theorien über Therapie auf Prozessen der Spontanheilung basieren und nicht auf unseren Handlungen. Wir glauben, dass sich die Theorien im Laufe der Generationen verbessern, während sie aber wegen dieser Fehler in Wirklichkeit an Komplexität zunehmen.

Was ist Therapie?

Diejenigen, die Forschung betreiben, müssen sich nicht nur darüber Gedanken machen, was Therapie ist und was nicht, sondern auch, ob Therapie überhaupt einen Einfluss hat. Das ist genauso schwierig, wie zu bestimmen, was Schizophrenie oder was Hypnose ist und was nicht. Therapie lässt sich nur schwer von anderen Aktivitäten trennen. Ist das Erteilen eines guten Rats Therapie? Ist ein zufälliger, gelegentlicher Einfluss mit einer positiven Wirkung Therapie? Ist es Therapie, wenn ein gewalttätiger Mensch in die Klinik kommt und medikamentiert wird? Wenn ja, was ist dann mit den Kriminellen, die im Gefängnis rehabilitiert werden sollen?

Wir könnten es als Therapie definieren, wenn ein Klient freiwillig einen Therapeuten aufsucht, um etwas zu verändern. Aber das ist dann lediglich ein möglicher Kontext, denn Therapeuten arbeiten sowohl innerhalb, als auch außerhalb von Institutionen mit unfreiwilligen Klienten. Wir können Therapie nicht ohne ihren sozialen Kontext untersuchen, und neu ist auch die Anwendung von Therapie bei Geisteskranken in Anstalten. Die Regierung stellte Gelder für Gesundheitseinrichtungen in Armutsvierteln zur Verfügung und reagierte damit auf Forderungen der Gesellschaft. Hier hat ein Therapeut sich mit der Frage zu beschäftigen, ob er ein Werkzeug der sozialen Kontrolle ist oder ein Therapeut, der einem Klienten hilft. Es bleibt beispielsweise auch die Frage, in wessen Auftrag der Therapeut handelt. Im Auftrag des Staates? Handelt der Therapeut in einer Familie im Auftrag der Eltern, die das Kind gezähmt haben wollen? Wenn es sich um ein Ehepaar handelt: Bezahlt der Ehemann dann den Therapeuten dafür, dass er der ängstlichen Frau zuhört?

Wir haben in den letzten Jahrzehnten gesehen, wie der soziale Einfluss der Therapie sich überall in den Gemeinden entwickelt, und wir können Therapie nicht länger als einen einfachen Austausch zwischen zwei Menschen sehen. Therapie ist ein Geschäft, eine Berufung, aber auch eine „Auftragsarbeit" der Machthabenden.

Ist Therapie überall das gleiche?

Früher ging man von der Annahme aus, Therapie sei relativ kontextunabhängig. Heute wird Therapie auf so verschiedene Arten und an so unterschiedlichen Orten durchgeführt, dass eine solche Vereinfachung nicht mehr möglich ist. Offensichtlich wird Therapie in unterschiedlichen sozialen Kontexten unterschiedlich durchgeführt: Mit dem sozialen Umfeld wechselt auch die angewandte Theorie. Ein Therapeut, der eine private Praxis mit wohlhabenden Klienten betreibt, wird einer bestimmten Theorie und Praxis den Vorzug geben. In diesem Fall erstreckt sich die Therapie über einen langen Zeitraum. Die entsprechende Theorie erlaubt das Aufdecken subtiler Gedanken und erwartet, dass Widerstände nur ganz langsam überwunden werden können. Der Verarbeitung der Vergangenheit, von der man annimmt, dass sie das gegenwärtige Denken beeinflusst, wird breiter Raum eingeräumt.

Eine solche Theorie und Praxis würde sich in einem Psychiatrischen Landeskrankenhaus, dessen Klienten meist unteren sozialen Schichten angehören, recht bizarr ausnehmen. Sieht man sich den Angehörigen einer zerrütteten Familie gegenüber, die die ihnen vom

Gericht verordnete Therapie gar nicht wollen, kann man sich kaum eine gemächliche Exploration von Kindheitsphantasien vorstellen. In einer solchen Situation muss ein Therapeut in der Lage sein, auf die unterschiedlichsten Faktoren einzugehen und schnelle Verhaltensänderungen herbeizuführen.

Diese beiden Extreme zeigen, dass sich Therapie mit ihrem Kontext verändert. Allein im Hinblick auf den finanziellen Aspekt werden der Therapeut mit der Privatpraxis, der pro Stunde bezahlt wird, und der angestellte Therapeut, der sein Festgehalt bekommt, unterschiedliche Vorstellungen über Geschwindigkeit und Tiefe von Therapie entwickeln. Um den großen Theoretiker Mark Twain zu zitieren: „Sag mir, woher ein Mann sein Maisbrot hat, und ich sage dir, was er denkt."

Die Einführung des Stundenhonorars war unter Umständen folgenreicher als gemeinhin angenommen wird. Was wäre beispielsweise, wenn ein Therapeut für die erfolgreiche Lösung eines Problems eine bestimmte Summe bekäme? Würden sich Theorie und Praxis nicht verändern? Krankenkassen, die so viel über das Wesen der Therapie festlegen, könnten sich überlegen, kurze Verträge für die Behandlung klar definierter Probleme abzuschließen.

Wer sollte Therapie durchführen?

In der Zeit, in der ich über Therapie forschte, wurde nicht nur ihr Wesen hinterfragt, sondern notgedrungen auch die Überlegung angestellt, wer sie durchführen kann und was dies für die Ausbildung bedeutet. Als die Therapeuten begannen, sich zusammenzuschließen, und Zulassungen erhielten, mussten sie begründen, warum ihre Ausbildung so konzipiert war, dass sie und nicht andere Menschen ohne ihre Ausbildung das Recht hatten, sich im Leben der Leute zu schaffen zu machen. Doch es gibt das merkwürdige Problem, dass alle diese Berufsgruppen unterschiedliche Ausbildungen haben. Wenn Psychiater zustimmen, dass Psychologen praktizieren sollten, geben sie zu, dass ihre jahrelange medizinische Ausbildung unwichtig war. Wenn Psychologen sagen, dass Psychiater und Sozialarbeiter therapieren sollen, geben sie damit zu, dass all die Jahre, in denen sie Tests und Forschungen durchgeführt haben, irrelevant waren. Wenn Sozialarbeiter meinen, dass Psychiater und Psychologen therapieren sollen, sagen sie damit, dass ihre Kurse in der Geschichte der Sozialarbeit für ihre therapeutische Arbeit nicht wichtig sind. Während diese Fragen von den etablierten Berufsgruppen diskutiert wurden, stieß ein neuer Berufszweig in dieses Feld vor, die Familientherapie, und mit ihr kamen nochmals andere Formen der Beratung hinzu, die außerhalb der etablierten Berufe lagen.

Ich selbst begann ohne eigentliche Ausbildung zu therapieren und unterrichtete damals andere, die nicht einmal im College Therapie studiert hatten. Sie waren sehr kompetente Therapeuten, obwohl ihnen nicht nur akademische Grade fehlten, sondern auch das, was jeder Mittelklassetherapeut erfahren hat, nämlich eine solide Ausbildung. Um 1960 kamen dann die ärmeren Leute in Therapie. Wir mussten nun entweder den Mittelklassetherapeuten beibringen, die Armen zu verstehen, oder den Armen beibringen, selbst Therapeuten zu werden. Wir machten beides. Als wir Leute aus den Gemeinden zu Therapeuten ausbildeten, bestätigte sich, dass vieles, was für die Ausbildung zum Therapeuten für wichtig gehalten wurde, nicht unbedingt notwendig war. Der akademische Grad, die philosophische und psychologische Bildung, die Testausbildung, all das scheint bei der Ausbildung des „einfachen" Menschen zum kompetenten Therapeuten nicht so wichtig zu sein.

Der Einsatz von Metaphern

Neben der sozialen Problematik interessierte uns von Anfang an ein eher theoretisches Problem, nämlich die Frage nach dem Einsatz von Metaphern. Die Verwendung theoretischer Analogien und Metaphern führt zu einer bestimmten Art des Denkens und behindert – wie wir an uns selbst feststellen konnten – die Entwicklung neuer Therapieformen und -konzepte. Möglicherweise liegt es in der Natur einer Theorie, dass sie das Denken einschränkt. In dieser besonderen Situation waren die Analogien zu beschränkt, um der Komplexität und den Veränderungen in diesem Bereich gerecht werden zu können.

Ich erinnere mich an einen berühmten Psychoanalytiker, der seine Vorlesung mit den Worten begann: „Wir alle wissen, was Kraft und was Schwäche ist. Ein Muskel ist stark oder er ist schwach. Ebenso verhält es sich beim Ich. Ein Ich ist stark oder es ist schwach." Diese Art von Analogien zu verwenden, war typisch für die damalige Zeit. In Wirklichkeit ist das Ego natürlich ein hypothetisches Konstrukt, eine Abstraktion, die dazu geschaffen wurde, einige

Verhaltensphänomene zu erklären. Sie wie einen Muskel als stark oder schwach und als stärkungsbedürftig (wahrscheinlich mit therapeutischen Aerobics) zu bezeichnen, bedeutet nichts anderes, als eine Metapher wörtlich zu nehmen. Dieselben Vermischungen finden wir neben der Therapie auch bei Schizophrenie und Hypnose. Der Schizophrene sagt beispielsweise: „Ich habe Schmetterlinge in meinem Magen, wenn ich nervös bin; sie sind blau und gelb." Auch in der Hypnose werden Metaphern wörtlich genommen. In der Therapie schließlich versuchen wir mit Hilfe von Analogien, Geschichten und Metaphern unsere Klienten zu beeinflussen. Oder wir nehmen Metaphern, die in Zusammenhang mit einem größeren Theoriegebäude entwickelt wurden, wörtlich.

Als ich mit meinen Forschungsarbeiten begann, nahm man nicht nur das Ich wörtlich, sondern ging so real von einer intrapsychischen Struktur im Menschen aus, dass der Eindruck entstehen konnte, sie ließe sich bei einer Operation entdecken. Auch gab es die Analogie des Dampfkesselüberdrucks: Kann ein Konflikt aus dem Inneren nicht heraus, bricht er als Symptom aus. Maxwell schlug um 1870 eine noch viel sensiblere Analogie vor, indem er den Menschen als „Kontrolleur" der Dampfmaschine bezeichnete. Das wurde nicht als wichtig erachtet, bis die Kybernetiker fast ein Jahrhundert später davon in ihrer Systemtheorie Gebrauch machten.

Es gab noch eine andere Analogie oder Metapher, die uns alle behinderte und die noch immer Verwirrung stiftet. Sie geht von einer vertikalen Schichtung im Menschen aus, derzufolge das Bewusstsein oben und das Unterbewusstsein darunter lokalisiert ist. Mit dieser Analogie konnte jemand sagen, er hätte etwas „hoch" ins Bewusstsein oder „hinunter" ins Unterbewusstsein gebracht. Damit war es auch möglich, „tiefe" Interpretationen zu geben, weil man davon ausging, dass das wichtige Gebiet „unten", bei den Wurzeln, nicht „oben", auf der Oberfläche, liegt. Oder man konnte polemisch sagen, dass die eine Therapie „seicht", die andere „tief" sei.

Wie viele Stunden in Seminaren und Diskussionen wurden wohl dieser Hoch-tief-Metapher schon gewidmet? Alternativen dazu gibt es wenige. Angenommen, man käme überein, dass das Unbewusste links und das Bewusstsein rechts läge? Dann könnte man sagen: „Mein Therapeut ist weiter links als deiner." Oder man sagt: „Ich habe eine ziemlich rechte Interpretation gemacht." Ein Einwand gegen die Kurztherapie könnte sein, dass sie nicht oberflächlich, sondern äußerst rechts anzusiedeln sei. Es entstünde ein ganz neues Begriffsvokabular. Die Suche nach Möglichkeiten, „tiefe“ Veränderungen in der Therapie gegenüber nur oberflächlichen zu messen, bereitete der Forschung jahrelang große Schwierigkeiten. Nun sehen wir, dass das wirkliche Problem der Forschung darin besteht, von derartigen Analogien wegzukommen und auch bei der Beschreibung von Veränderungen endlich anzuerkennen, dass wir über reale Menschen reden, die in einer realen Welt leben und handeln.

Wie viele Theorien sind nötig?

Früher ging man davon aus, mit einer einzigen, umfassenden Theorie alle Aspekte des therapeutischen Bereichs, Diagnostik, Forschung und Therapie abdecken zu können. Man hielt es nicht für notwendig, für die Forschung eine andere Theorie als für die Therapie zu haben, für die Ätiologie eine andere als für die Erklärung von Veränderungen.

Zum Beispiel die psychodynamische Theorie: Sie hatte Kategorien der Diagnostik, sie entwickelte überprüfbare Hypothesen für die Forschung und enthielt Richtlinien für therapeutische Interventionen. Ähnlich verhielt es sich mit der Lerntheorie. Familientherapeuten wiederum vermuteten, dass die Systemtheorie alles einschloss und sich mit ihr Ätiologie ebenso gut wie therapeutische Veränderungen erklären ließen.

Heute merken wir, dass es nötig ist, Theorien übermäßig strekken zu müssen, damit sie für alles passen. Daher scheint es sinnvoller, verschiedene Theorien für unterschiedliche Zwecke einzusetzen. Die Ätiologie-Theorien der Psychodynamik führen nicht automatisch zu einer Sammlung therapeutischer Handlungsanweisungen. Sammelt jemand beispielsweise fanatisch Schuhe und füllt damit Schränke, könnte man ihn als zwanghaft bezeichnen. Als Ursprung des Problems fänden sich möglicherweise Fixierungen in der Kindheit. Gleichermaßen würde man einen Menschen, der sich nicht traut, über die Straße zu gehen, als phobisch bezeichnen und die Ursachen in frühen Traumata oder verborgenen Wünschen sehen. Diese Theorie beinhaltet jedoch noch keine therapeutische Handlungsanweisung, wie sich die Anzahl der Schuhe im Kleiderschrank verringern lässt. Und sie zeigt auch nicht, wie diese ängstliche Person die ersten Schritte nach draußen tun soll. Das Einzige, was man machen kann, ist, mit dem Klienten weiter die Ursache des Problems zu erforschen und zu hoffen, dass es verschwindet. Aus der Theorie lässt sich nicht ableiten, dass es sieben Strategien gibt, die Schuhesammlerei in den Griff zu bekommen. Hier kann die Lerntheorie weiterhelfen, die jedoch leider keine so interessanten und verführerischen Ideen anzubieten hat, warum ein Mensch nun Schuhe sammelt. Die psychodynamische Theorie wiederum hat keine Vorstellungen darüber, wie man den Ehemann in die Platzangst-Therapie seiner Ehefrau einbezieht, damit die Frau wieder hinausgehen kann.

Gewöhnlich erscheinen Theorien, die zu erklären versuchen, warum die Menschen so sind, wie sie sind, attraktiver als Theorien der Veränderung. Deshalb ist es schwierig, praktisches therapeutisches Handeln zu unterrichten. Normalerweise konzentriert sich der Unterricht in den Akademien auf Theorien, die sich damit befassen, warum die Menschen sich in einer bestimmten Weise entwickelten.

Im Falle der Theorie der Familiensysteme wird deutlich, dass eine Theorie der Verursachung des Problems noch lange nicht zu seiner Veränderung beitragen muss. Der Gedanke, dass Menschen aufgrund gewisser Selbstkorrekturprozesse in Abläufen gefangen sind und sich dadurch immer weiter in einer bestimmten Weise verhalten, ist sehr aufschlussreich. So kann man beispielsweise sehen, dass Verbesserungen im Verhalten eines Kindes zu der elterlichen Drohung führen, die Scheidung einzureichen, was einen erneuten Rückfall des Kindes auslöst, auf den die Rücknahme besagter Drohung folgt. Die Theorie eignet sich hier ausgezeichnet dafür, Stabilität zu erklären. Was trägt sie aber zur therapeutischen Veränderung der Situation bei? Im Grunde genommen wirkt sie eher im Sinne einer Anti-Veränderungstheorie. Denkt man darüber nach, wie man ein System verändern kann, ist es vorteilhafter, linear hierarchisch zu denken, wodurch therapeutische Operationen deutlich werden können.

Die Frage des freien Willens ist im Verlauf der Auseinandersetzung mit der Systemtheorie erneut thematisiert worden. Angenommen, jemand tut etwas, weil ein anderer etwas tut (was der Sicht der Systemtheoretiker entspricht), dann hat er keine individuelle Wahl. Die Frage ist, ob derartige Annahmen von Vorherbestimmung überhaupt noch die Durchführung einer Therapie zulassen. Therapie geht davon aus, dass man Menschen als verantwortlich für ihre

Handlungen betrachtet. Eine Theorie, die erklärt, warum etwas getan wurde, ist nicht notwendigerweise hilfreich, wenn man danach sucht, wie man die Situation verändern kann.

Beispielsweise kann man versuchen, Misshandlungen von Frauen als ein systemisches Phänomen zu erklären: Die Frau provoziert den Ehemann, dieser schlägt sie, worauf sich der Vorgang wiederholt. Die Misshandlung erklärt sich aus der Kooperation der beiden. Wenn man sich jedoch vornimmt, die Gewalt zu stoppen, ist die Theorie der gegenseitigen Beteiligung nicht sehr hilfreich. In diesem Fall wäre eine lineare Intervention nötig.

Wenn es andererseits darum geht, ein normales Kind zu erziehen, sind die therapeutischen Theorien nicht besonders hilfreich. Es scheint wenig vernünftig, einem Kind zu erlauben, alles zu tun, damit keine Unterdrückung stattfindet, wie es die psychodynamische Theorie fordert. Auch scheint es nicht angebracht, die Eltern auf ein festes hierarchisches Vorgehen zu verpflichten, weil dies nur bei einer strukturierten Intervention mit einem Problemkind sinnvoll ist. Was in einem Fall vernünftig ist, muss es im anderen noch lange nicht sein.

Im Therapiebereich sind wir also mit der Schwierigkeit konfrontiert, dass wir verschiedene Theorien benötigen, eine für die Diagnose, eine für die Ätiologie, eine andere für die therapeutische Vorgehensweise und eine weitere zur Beschreibung der normalen Lebensvorgänge.

Richtlinien

Lassen Sie mich einige unserer Unsicherheiten über Therapie und ihre Relevanz für die gegenwärtige Praxis überprüfen. Wir können nicht sicher sein, dass Therapie wirklich Menschen beeinflusst, und die Tatsache, dass frühere Generationen sich dessen sicher waren, ist noch keine Garantie dafür. Wenn wir Therapie untersuchen wollen und annehmen, es gibt sie, wird es schwierig, zu definieren, was Therapie ist und was nicht. Es ist nicht nur schwierig, sie von sozial kontrollierten Aktivitäten und Erziehungsprozessen abzugrenzen, sondern offenbar unterscheidet sie sich in unterschiedlichen sozialen Kontexten. Beim Versuch, über Therapie nachzudenken, werden wir bestärkt und begrenzt durch therapeutische, für Veränderung unwichtige Metaphern und Theorien. Wie kann ein verantwortlich denkender Therapeut und Lehrer mit all diesen Unsicherheiten und

Zweifeln handeln? Wie sollen wir vorgehen, wenn wir die Gesellschaft um unsere Bezahlung nicht betrügen wollen? Ich möchte im Folgenden anhand einiger Grundsätze und Richtlinien darlegen, wie eine Therapie aussehen sollte, die diesem Anspruch gerecht wird.

1. Die Therapie sollte kurz sein. Nur so lässt sich feststellen, ob Veränderungen aufgrund therapeutischer Interventionen eintreten oder ob sie durch äußere Kräfte bewirkt werden. Kommen Klienten jahrelang, beenden ihre Ausbildung, heiraten, kriegen Kinder, lassen sich scheiden und so weiter, dürfte es unter Umständen schwer fallen, darüber Gewissheit zu erlangen, was nun der Therapie zuzuschreiben ist und was nicht.

2. Die Therapie sollte sich zunächst auf das deutlich Sichtbare konzentrieren und sich mit der momentanen, realen Lebenssituation des Klienten beschäftigen und weniger mit der ungewissen Vergangenheit oder mit Phantasien, mit denen man nichts Konkretes anfangen kann.

   Ist jemand der Meinung, dass die Vergangenheit eines Menschen seine Gegenwart überaus stark beeinflusst, wird ein Teilziel der Therapie darin bestehen, die Vergangenheit zu ändern. Mit Hilfe von Reframing-Techniken oder Techniken des gezielten Vergessens ist es durchaus möglich, Menschen von der Allgegenwärtigkeit ihrer schrecklichen Vergangenheit zu befreien. Gerade der Einsatz der Technik des Vergessens kann in manchen Fällen wirklich sehr wertvoll sein. Es gibt Situationen, in denen wir mit allem anderen zurechtkommen, wenn wir nur vergessen könnten, was wir gestern einem anderen angetan haben. Die Vergangenheit – wie es die psychodynamische Theorie nahe legt – neu zu sehen und damit alle ihre traumatischen Aspekte hervorzubringen, scheint jedoch weniger hilfreich, als sie in einer positiveren Art neu zu sehen und den schlimmen Teil dem Vergessen anheim zu stellen.

3. Sollte es Schwierigkeiten bereiten, den Therapieerfolg zu verifizieren, ist es für den Therapeuten am sinnvollsten, sich auf ein bestimmtes Problem zu konzentrieren und festzustellen, inwiefern es sich verändert hat. Weniger hilfreich ist es, von unklar formulierten oder systemischen Beziehungsproblemen auszu-

gehen, weil sich dann nicht genau bestimmen lässt, ob sich etwas erfolgreich verändert oder nicht.

4. Um Klarheit darüber zu gewinnen, was im Leben eines Klienten vorgeht und um zu sehen, ob die Therapie zu einer Veränderung führt, sollte man sich an die Familie wenden. Der Beitrag, den die Familie zu einem erfolgreichen Verlauf der Therapie leisten kann, ist nicht zu unterschätzen. Darüber hinaus hilft es dem Therapeuten, in Kontakt mit der realen Welt zu bleiben. Die Phantasien einer Frau über ihren Ehemann stellen eine andere Art von Information dar, als sie die direkte Begegnung mit ihm vermittelt.

5. Der Therapeut sollte sich auf das Verhalten konzentrieren und konkrete Anweisungen zur Veränderung geben, anstatt über Gedanken zu diskutieren. Gedanken zu diskutieren führt nur zu einer Veränderung der Fähigkeit, Gedanken zu diskutieren. Eine Verhaltensänderung ist beobachtbar. Dazu kommt, dass Menschen kooperativer sind und weniger Widerstände gegen Veränderungen zeigen, wenn man nicht interpretiert oder erklärt.

6. Wünscht der Therapeut, einen Klienten zu verändern, muss er sich auch entsprechend verhalten. Sich zurückzulehnen und zu sagen. „Erzählen Sie mir doch mehr über diesen Gedanken", bedeutet, ziellos zu therapieren. Wenn die Therapie ein Ziel erreichen soll, muss der Therapeut es benennen und dafür sorgen, dass es erreicht wird. Dies ist wohlgemerkt Aufgabe des Therapeuten und nicht des Klienten, der ja gerade nicht weiß, wie er mit seinem Problem umgehen soll.

7. Wenn Therapie sich auf die beobachtbare Gegenwart konzentrieren soll, so gilt dies natürlich auch für die Ausbildung des Therapeuten, die sich in erster Linie mit dessen beobachtbaren Handlungen auseinander setzen müsste. Wenn man sich darauf verlässt, dass der Therapeut nur durch seine persönliche Therapie lernt, wie man einen Klienten verändert, verhindert man damit letztendlich, dass der Therapeut in die Lage versetzt wird, jemanden zu verändern. Früher betonte man die persönliche

Therapie und schuf damit Therapeuten, die sich über ihre unbewussten Konflikte sorgten. Nun ist es wohl naiv, einem Therapeuten Misstrauen gegen sich selbst beizubringen und dann von ihm zu erwarten, dass er den Hilflosen und Unglücklichen Zuversicht und Hoffnung vermittelt. Deshalb ist es vielleicht am wichtigsten, dass der Therapeut Vertrauen in sich und seine Ideen und Interventionen in der Therapie hat.

Die hier vorgeschlagenen Vorgehensweisen und Richtlinien sind im Grunde genommen das genaue Gegenteil von dem, was vor 30 Jahren gemacht wurde. Damals ging man davon aus, dass Therapie lange dauert, dass sie sich für die Vergangenheit und weniger für die Gegenwart interessiert, dass sie sich nicht auf ein Problem, sondern auf charakterliche Eigenheiten konzentriert, dass alle Verwandten der Klienten gemieden werden müssen, dass Einsicht und Interpretation im Mittelpunkt der therapeutischen Vorgehensweise stehen und nicht Handlungen, dass man einem Menschen hilft, jeden schlimmen Moment in seiner Vergangenheit wiederzuerinnern, und dass die Ausbildung nur aus der persönlichen Therapie der Therapeuten besteht.

Damals übernahm der Therapeut auch nicht die Verantwortung für die Veränderung. Er sah seine Aufgabe darin, den Menschen zu helfen, sich zu verstehen; ob sie sich dann änderten oder nicht, hing von ihnen ab. Heute ist wohl die gegenteilige Position sinnvoller. Der Therapeut ist nicht länger ein Berater, sondern ein Veränderer von Menschen. Erickson sagte einmal, ein Therapeut müsse viele verschiedene Möglichkeiten lernen, wie er viele verschiedene Menschen verändern kann. Wolle er das nicht, müsse er sich einen anderen Beruf suchen.

Die heutige Therapeutengeneration bemüht sich ernsthaft, Menschen zu verändern. Sie sind keine Berater, Spezialisten, objektive Beobachter oder Diagnostiker, sondern Menschen, die als Experten andere Menschen zu beeinflussen versuchen.

Das ist eine revolutionäre Veränderung. Anstatt zu fragen, ob Therapeuten überhaupt dazu in der Lage sind, Menschen zu beeinflussen, müssen wir uns vielleicht schon bald darüber Gedanken machen, wie sich ihr Einfluss begrenzen lässt. Angenommen, die gegenwärtige Tendenz hält an, dann wird es in absehbarer Zeit eine Gruppe von Leuten mit großen Fertigkeiten in der Beeinflussung von Menschen geben. Sie werden wissen, wie man Anweisungen gibt, die befolgt werden, und wie man Menschen beeinflusst, ohne dass sie es merken. Sie werden Macht über andere Menschen ausüben. Wie steht es aber um die Grenzen dieser Macht?

Menschen wurden immer von verschiedenen Ängsten begleitet. Und auch Therapie kann Angst machen. Wenn wir Therapeuten zu Experten ausbilden, Einfluss auf Menschen auszuüben, muss gewährleistet werden, dass ihre Fähigkeit auf positive Ziele begrenzt bleibt. Es hilft nichts zu sagen, dass Therapeuten sich nicht für Macht interessieren sollten, wenn die Fähigkeit, Macht über andere zu gewinnen, oft wichtig ist, um Menschen zu helfen. Wir brauchen schließlich Therapeuten, die Menschen im Unglück helfen können und ihr Geschäft verstehen. Aber wie wollen wir Menschen kontrollieren, die Experten darin geworden sind, andere Menschen zu kontrollieren?

Ethik und Selbstdisziplin müssten zu festen Bestandteilen der Therapieausbildung werden. Dies um so mehr, als Therapie immer mehr droht, aus Geschäftsinteresse und nicht aus innerer Berufung ausgeübt zu werden. Anzustreben wäre vielleicht eine Verbindung zwischen der Kunst der Kriegsführung und der östlichen Religion, wodurch Menschen in die Lage versetzt würden, Macht im Rahmen von Harmonie und Zurückhaltung auszuüben. Wünschenswert wäre eine Therapie, die der Maxime folgt: Verteidige dich selbst und die Gesellschaft, ohne Vorteile daraus zu ziehen oder andere Menschen zu verletzen.

Literatur

Hoffer, E. (1950): The True Believer. New York (Hrper).
Lorenz, K. (1964): Er redete mit dem Vieh, den Vögeln und den Fischen. München (dtv).
Gandhi, M. (1983): Eine Autobiographie oder Die Geschichte meiner Experimente mit der Wahrheit. Gladenbach (Hinder und Dehlmann).
Gazzaniga, M. (1989). Das erkennende Gehirn. Paderborn (Junfermann).
Josephus (1961): War ii. 169–177. In: C. K. Barrett (ed.): The New Testament Background: Selected Documents. New York (Harper and Row), p. 124.
Shaw, B. (1984): Vorwort zu Androcles and the Lion. Paderborn (Schöningh).
Schweitzer, A. (1948): The Psychiatric Study of Jesus. Boston (Beacon Press). [dt. Orig. (1913): Die psychiatrische Beurteilung von Jesus. (Dissertation).]
Schweitzer, A. (1977): Geschichte der Leben-Jesu-Forschung. Gütersloh (Gütersloher Verlagshaus).

Über den Autor

Jay Haley (1923–2007) gehört zu den stilprägenden Pionieren der modernen Psychotherapie des 20. Jahrhunderts. In der kalifornischen Palo-Alto-Gruppe um Gregory Bateson rüttelte er in den 50er Jahren mit dem „Double Bind"-Konzept die psychiatrische Szene auf und entwickelte zusammen mit Paul Watzlawick, Don Jackson, John Weakland und Virginia Satir die Grundlagen der heutigen Familientherapie.

Große Verdienste erwarb er sich als Gründungsherausgeber der Zeitschrift „Family Process", in der er als einer der ersten den innovativen Ideen Milton H. Ericksons zu Publizität verhalf. In seinen zahlreichen, weltweit übersetzten Büchern widmete er sich neben der Vermittlung von Ericksons Werk auch eigenen Ansätzen wie der Ordeal-Therapie.

Als Professor für Psychiatrie und Mitbegründer des Haley-Madanes-Instituts in Washington, D. C. hat Haley, der sich selbst als Kommunikationsanalytiker bezeichnete, nachfolgende Generationen von Therapeuten mit seinem unkonventionellen Stil geprägt.

Fritz B. Simon/Gunthard Weber

Vom Navigieren beim Driften

„Post aus der Werkstatt“
der systemischen Therapie

128 Seiten, 14 Abb., Kt
2. Auflage 2006
ISBN 978-3-89670-451-1

„Post aus der Werkstatt“ hieß eine legendäre Kolumne in der Zeitschrift „Familiendynamik“, in der sich Fritz B. Simon und Gunthard Weber zentrale Aspekte von Therapie und Beratung vornahmen – humorvoll, geistreich und provokativ. Ihre kreativen „Interventionen ins Feld“ waren und sind von nachhaltiger Wirkung, sowohl für den Ruf der „Heidelberger Schule“ als auch für die tägliche Praxis vieler Therapeuten und Berater.

Hier sind erstmals alle Texte in einem Band versammelt. Ihr origineller Stil belebt den Praxisalltag und verhilft gleichzeitig zu mehr professioneller Gelassenheit.

Ein Muss für alle Therapeuten und Berater!

„Jedes Kapitel ist ein kleiner Schatz von nützlichen Hinweisen für den Praktiker – sowohl was die systemische Haltung als auch was die systemischen Interventionen angeht. Hervorzuheben sind insbesondere die einprägsamen Beispiele und der sehr anregende und verständliche Schreibstil, der – ohne an inhaltlicher Tiefe zu sparen – ein leichtes Verstehen sehr gut ermöglicht.“

Zeitschrift für systemische Therapie und Beratung

www.carl-auer.de